北京语言大学学术著作出版基金资助出版

本成果受北京语言大学院级科研项目（中央高校基本科研业务专项资金）资助，项目编号为15YJ130003。

武术人体动态解剖图谱集

柔道图谱

张宇辉 著

辽宁美术出版社

图书在版编目（ＣＩＰ）数据

武术人体动态解剖图谱集.柔道图谱 / 张宇辉著. —
沈阳：辽宁美术出版社，2016.1
　　ISBN 978-7-5314-6354-2

　　Ⅰ.①武… 　Ⅱ.①张… 　Ⅲ.①武术-人体运动-人体
解剖-图谱 ②柔道-人体运动-人体解剖-图谱 Ⅳ.
①G852.01-64

中国版本图书馆CIP数据核字（2015）第315287号

出 版 者：辽宁美术出版社
地　　 址：沈阳市和平区民族北街29号　邮编：110001
发 行 者：辽宁美术出版社
印 刷 者：沈阳华厦印刷有限公司
开　　 本：889mm×1194mm　1/16
印　　 张：9.25
字　　 数：150千字
出版时间：2016年4月第1版
印刷时间：2016年4月第1次印刷
插图绘制：唐　琴
封面插图：张宇辉
责任编辑：严　赫
装帧设计：林　枫　郭　丹
责任校对：李　昂
ISBN 978-7-5314-6354-2
定　　 价：68.00元

邮购部电话：024-83833008
E-mail：lnmscbs@163.com
http://www.lnmscbs.com
图书如有印装质量问题请与出版部联系调换
出版部电话：024-23835227

序 >>

柔道的学习可以让我们懂得柔顺不争的顺应变化的修炼，这一点不是消极而是智慧。当我们领悟到存在及变化的真意，并懂得顺应自然的尊重，我们也会懂得如何如同尊重圣殿般的尊重和运用我们的身体来亲和自然之法，此时，我们是与自然逐渐相融的，也可说我们是靠近幸福真谛的。作为个人存在于世间，有什么比认识自己、读懂自己更加重要的呢？对于智者更重要的是向内看。

柔道投技中拉投用力如同中国书画中的用笔贯气，无论是外观上来看还是内在特质上，都具有一气呵成的贯气之感，其间切忌断。中国书画中描法用笔之力起笔收笔明晰，起笔有力，收笔徐徐送出，力道绵长、贯气方向清晰，如吐纳中徐徐呼出之气，虽势急但不躁。用笔转折之处如柔道动作中的连络之技术，其节奏连贯且变化如高山坠石，动作冷脆却无半点儿断气突兀之感。其结果既是用笔转角之处无半点儿圭角出现，而柔道连络技中则动作浑圆，整体如行云流水般节奏变化连绵却无拖泥带水之感，在借用和顺应对手之力的同时完全控制对手的摔落方向。这种投技的感觉应该与太极拳中推手的四两拨千斤之力是一样的。

在柔道的修习中如能真正地感受精力善用自他共荣的意义，并以此心态行事，将对修习者大有裨益。太极拳、柔道等真正的武技有其共同点，它们并非仅是追求胜利击败对手，而是以身体为媒介了悟运动之道及人生真谛的艺术。训练中是人与人之间互尊互助、共同精进武技的过程，也是人格的提升。如果把我们的身体作为媒介而柔道作为一种肢体表现的语言，那么应该说柔道的语言表现和思考之力在某种意义上来讲并不一定次于我们真正的语言。我们的语言从其逻辑和作为人脑思维工具来讲不仅有着其能指局限和思考的边际，貌似简单的柔道和一些武技固然受到身体极限的束缚，但在束缚之下，我们追求最大的自由，明者自明，毕竟绝对的自由并不一定存在。可以说作为一种特殊身体语言的柔道并不仅是躯壳或简单的搏击工具，这一点要看主体人的追求，柔道大师嘉纳治五郎便是一个例子。难怪一些禅宗大师主张放弃文字转向身体的体悟修行，武术便成为他们中一些人的选择。对于身体的认识和运用，我们在宗教典籍和其祈祷中不难发现其意义所在。

武艺中，人的运动转瞬即逝，生命和肉体也终将消亡，而运动之道却能够代代相传。试问对人来说何为真正价值的存在？武道的真正意义又是什么？这些是武术家和艺术家不断思考的问题。

此书源于实验课"人体动态艺术课"——武术与艺术审美比较部分的教学实践。这本《柔道图谱》是《武术人体动态分析及解剖图谱集》的柔道分册部分。《武术人体动态分析及解剖图谱集》是实验课"人体动态艺术课"的教学实践成果和案例所著。其中包括世界不同种类的武术分册：中国传统武术类、古典式摔跤、自由式摔跤、巴西柔术、柔道、综合格斗、自卫术等，本册是柔道部分。

本书兼顾艺术与武术两方面教学的需要。书中用中国画白描的形式对武术的动作进行描绘表现。书中内容对于艺术专业学生有关动态人体艺术及对运动人体解剖的学习和理解颇为有益。柔道动作可以作为运动人体解剖研究的对象供学生进一步学习理解人体运动的动作特征和规律。同时对于柔道动作的研习来讲可以使学习者更加深刻透彻地理解动作和人体的运动特征。

　　以白描为主的动作图在表现上力求做到视觉表现的信、达、雅。着重对于运动中的人体动态和形成的衣纹关系进行白描的绘画表现，并对柔道重要的代表性人体动作原理和要点给予分析。绘图者即是白描和柔道的教学实践对象，从插图中可以看到其学习白描技法的不断进步。相信这种方式能够更加鲜活地展现给读者可信的教学实践材料，具有一定的教学和学习的参考意义。

　　本书对于武术与艺术学科的交叉研究有着抛砖引玉的实践意义。此书为实践性首册，其他相关课题的工作将继续进行下去。希望本书能够辅助"武术与艺术结合课程"，使其成为提高学习者综合素质的有意义的课程实践。

　　在武术和艺术的修习中，我的人生受益匪浅，在此我衷心地感谢我的柔道启蒙老师鲁迅美术学院的于维新教授在大学期间对我的教诲；感谢北京体育大学的柴岭教授对我的指导和帮助；同时也要感谢唐琴同学为此书绘制插图。

目录 contents

第一章　概论

关于本书

这部《柔道图谱》兼顾体育与艺术两方面教学。目的是使之成为体育与艺术课素质教育的结合参考教材使用。

本书可供学校体育课柔道教学或美术课研究动态人体及白描人物的学习参考。本书以白描速写形式作图，力求做到对于动作视觉表现的准确。绘图由学习者在学习中所作，可以看到其学习中的进步过程，所以有一定的教学参考意义。在教学实践中发现，这种柔道图谱插图的小幅人体动态速写的练习，对于学习者动态人体的整体造型能力和人体速写目识心记能力的提高极为有益。

在柔道方面着重介绍柔道技术动作，所以略去《柔道比赛规则》部分。具体规则可以参照国际柔联最新的柔道比赛规则手册。

柔道技法、训练和理论的分析讲解以图为主，辅以文字。图与文字分开，读者可先读文字理解动作要点，后再通过图来以视觉方式体悟技术，这样可避免读字而寻图的麻烦，从而提高学习的效率。图谱包括传统柔道有关"形"的技术图和现代自由式竞技柔道，两种穿插在一起，包括在竞技柔道中禁止使用的传统技术。可以让读者全面了解体会传统柔道与现代柔道。他山之石，可以攻玉，希望这样做对我们的柔道训练和动态人体运动特征的体悟和学习有所帮助。这也是将体育课和艺术课进行结合，作为素质教育课程的实践。

1.柔道的历史

柔道，是由日本的嘉纳治五郎先生于1882年创立的。柔道从"柔术"发展而来。而柔道却有着高于"术"而具有"道"的哲学文化教育意义。

柔术的历史古老，日本江户时代就已经有对中国武艺引进和学习。日本的《史国大辞典》在柔术的起源上又记载了中国明朝的陈元赟于正保年间，在江户国正寺招收日本门徒福野七郎、三浦与次、矶具次郎传授大明朝的擒拿术，三人俱得其真传，之后各立门户招徒授艺。

据查，陈元赟乃明朝进士，浙江人，此人文武兼备，曾在少林寺学艺。他精通建筑和医学。他于1621年出使日本，1638年于日本的国正寺传授技艺。中日的交流早在唐代就已经繁盛，日本受唐文化影响甚深，角抵摔跤之术在唐朝盛行，可想而知，日本在中国唐朝时期就应该有相关摔跤的交流学习。在敦煌的壁画中我们可以找到关于早期摔跤的图像。神话来源于生活同时影响生活，从敦煌莫高窟中金刚力士的形象应该就能够看到一些摔跤手的身形特征。可以说，日本人学习中国的武技与武道文化之后与本土的武技相结合，逐步发展并形成不同的新流派。更确切地说，日本柔术和中国的武术有着不可分割的渊源，是恰当的。人有搏击的本能，从原始人到现代人，搏击格斗从来就没有停止过。原始人面临众多的为生存而搏斗的情景。对于不同地区的人群交流时互相影响和学习是必然的，武术的交流更是如此。虽然说各地武术搏击的技术有所不同，但决定武术样式多样性的因素众多，如社会文化、搏击规则、格斗目的等。但作为武术媒介材料的人体材料和运动力学及解剖学规律应该说是普世大同的，运动的心理学和生理学基础特性和原理亦是人类所共有的。因而将人体间相互博弈的人体动作作为研究动态人体的对象是可行的。中国武术由于受本土文化礼教影响，很少有地面格斗的动作出现，然而在少林武术和福建地术中的确有地面格斗技术动作的存在。这一点也能够让我们想象到柔术早期的雏形。

日本古柔术，是一种应用于战斗的生死格斗术。《日本书记》中就有野见宿弥在角斗中，被当麻蹴速当场踢死的记载。后来这种格斗术形成两个分支。一是在日本的平安朝成了宫廷节日相扑。后来又逐步形成仪式性、娱乐性的比赛。到江户时代，由劝进相扑发展成近代相扑。另一方面，从平安朝后期，日本进入战国时代，国与国之间战争频繁，武士的武功需要在实战格斗中加以充实。因此，逐渐形成一种"实战型的格斗技"，并形成一种体系，被称为"柔术"的流派。柔术经过若干年的兴衰，发展到德川幕府时代，达到鼎盛。嘉纳治五郎所创立的柔道，正是在这个历史基础上发展起来的。

嘉纳治五郎幼年时代由于体弱，常受到同伴的讥讽，于是便立志学习柔术增强体力。当时德川幕府时代结束，明治维新开始，西洋文化进入日本，并占据压倒性优势，柔术等传统文化多被忽视。在即使立志学习柔术也难找到老师的年代里，嘉纳治五郎以其顽强的毅力得到天神真扬流的福田八之助、矶正智以及起倒流的饭久保恒年等人的真传。"柔道"一词在1883年饭久保恒年给嘉纳治五郎的"免许书"中就已经出现。嘉纳治五郎以浓厚的兴趣研究了大量有关书籍。他深深悟到柔术的育人价值，因而立志推广柔术，于是他汲取各流派之精华，并加入自己的创新，形成符合时代要求的技术和理论。以锻炼身体、涵养精神、磨炼毅力、修养道德为目标，创立了柔道这一新体系。

嘉纳治五郎于1882年（即明治十五年）在东京下谷，把永昌寺书院改为柔道训练场。这时他已23岁，当时道场只有12块垫子，门人只有几个人，可见条件之艰苦。他与弟子们同吃同住同训，开始柔道教育的实践与研究。

他所建立的柔道，在技术方面由于进行科学研究，是以自然体为基本姿势，变更"组"的方式。掌握"崩""作""挂"和"轻妙的进退处理"的基本功，形成"乱取"（自由练习）为中的训练法，又陆续发明了各种新的技术。在1885年举行的警视厅比武大会上，嘉纳治五郎的讲道馆柔道以绝对优势取得胜利，从此，柔道在实力上称霸日本。

与此同时，嘉纳治五郎又把柔术的"以柔克刚"发展成"精力善用""自他共荣"的理论，使之成为不仅是柔道技术上的原理，亦是人类社会发展更高层次的伟大理论。

短短的几年，讲道馆柔道培养了大批杰出的优秀人才，更加引起日本当局的重视。1887年，柔道成为日本学校教育的一种课外活动，1911年成了选修课，1930年则成为必修课，同时也成为培养警察的专业课程，并取得十分显著的效果。

嘉纳治五郎立志通过柔道增进人类的进步友谊和世界和平，他和其弟子不辞辛劳，终于把柔道运动推向全世界。当前已有近140个国家加入国家柔道联盟。1964年，柔道作为重点体育项目出现在奥林匹克赛会上，柔道已成为全世界人民的共同财富。由于嘉纳治五郎的卓越贡献，日本人民给予他很高的荣誉，1911年他当选为日本首任体协会长，并荣任国际奥委会委员，被誉为日本的体育之父。

1938年，嘉纳治五郎在出席于开罗召开的国际奥委会返国途中，病逝于航行在太平洋上的"冰川丸"上，终年79岁。

1984年，讲道馆国际柔道中心建成。它成为当时世界柔道的中心。

2．柔道锻炼的意义和目的

嘉纳治五郎曾说过："柔道乃是身心两种力量最有效的运用之道。"通过学习和训练，能够学会把自身的体力和精力更合理地、毫无浪费地发挥有效作用。能够学到身小力薄的人战胜身强力壮的人的妙诀。嘉纳治五郎将柔道的理念从"以柔克刚""以小胜大"最终提升精简为"精力善用，自他共荣"的柔道哲学理念。明治政府的首任海军大臣胜海舟在观看完讲道馆学员的表演后为讲道馆题词："无心而入自然之妙，无为而穷变化之神。"

嘉纳治五郎强调身心两力的有效使用并不是"术"而是"道"。柔道之所以与柔术方法不同，目标也更远大，就因为它的原理不仅是技术，而且是要学习在任何场合，对待任何事物，都能把人类的力量最有效地进行运用的方法和原理。

嘉纳治五郎在回答关于柔道修炼的问题时曾说："任何事情都会由人来做，没有不费力气、不费心思就能完成的事情。如果没有符合其目的有效地运用身心两力的方法也是不能完成的。这可以称为身心有效使用法，或使用道，或者是能普遍运用的一贯之道。"

有效地使用身心之力，不仅存在于柔道练习，也存在于日常生活中处理各类事物各项问题上，这可以说是一种处世态度。

互相礼让，使自己和他人都得到繁荣发展，这也和国家与社会的发展息息相关。嘉纳先生把这种处世态度归纳为"自他共荣"。

嘉纳治五郎在柔道修炼时曾说过："通过攻击和防卫的练习，锻炼自己的身体和精神，这可以说是柔道之精髓。通过这些也就完成了自我，进而有益于社会，这是柔道的终极目标。"

因此，柔道就是以胜负、体育、修身和育德为目标的教育之道。练就健康的身体，同时重视精神的修养。并把"精力善用""自他共荣"的原理运用于现实生活中去。

通过攻击和防御的联系，了解到攻防的规律，掌握轻巧进退和身体的处理方法，自然而然地能学会在意外事故发生时保卫自身安全的能力。进而具有练武者的心理准备，能有防患未然的能力，对猝不及防的事故能有应变的能力和信心。

攻防练习能克服自己的力量界限战胜困难。去严格地修炼，因而能养成礼貌、坚忍、持久、自我克制、沉着、坚定果断等精神素质。也能锻炼一个人的观察力、推理和想象的能力。通过攻防练习，锻炼身心，磨炼意志，涵养精神，达到自我完善，并将其运用于现实生活。这培养练习者战斗精神的同时也使其养成尊重对手、尊重规则的习惯，使得人能够具有对社会有贡献的品质，难怪俄罗斯总统普京说："柔道不是一门技术，而是一门哲学。"

3.传统柔道"形的"技术分类和名称

柔道技术分为"投技""寝技""当身技"三大部分。

（1）投技

投技是以站立姿势将对手摔倒的技术。由于施技者进攻动作不同，又分为站立技和舍身技。站立技，是在站立中施技将对方摔倒，动作结束后施技方仍然保持站立或平衡体姿。舍身技则是在施技方主动倒地的同时，将对手摔倒。站立技，又由于摔倒对手时自己身体使用和用力部位不同而分为手技、腰技、足技。舍身技则根据自己的发力及倒地方式不同而分为真舍身技和横舍身技。

手技——浮落、背负技、背负落、肩车、体落、隅落、掬投等。

腰技——浮腰、大腰、钓入腰、扫腰、跳腰、钓腰、移腰、后腰、腰车等。

足技——膝车、支钓入足、大外刈、大外落、大内刈、小内刈、出足扫、送足扫、足车、大车、扫钓入足、内股、小外刈、小外挂、大外车等。

真舍身技——巴投、裹投、隅返、俵返、引入返等。

横舍身技——横车、横落、横挂、横分、浮技、谷落、外卷入、内卷入、跳卷入等。

（2）寝技

包括固技、绞技、关节技三部分（在站立情况下同样可以运用绞技和关节技制服对手）。固技是使对手仰面，抱压并控制对手，令其肩、背大部分着垫，失去进攻能力，而自己在保持充分自由控制对手的状态下进一步施以绞技和关节技对对手进行绞锁进攻（在施以固技时，通过控制重心，最大化利用自己的体重。注意控制好对方头、背部和抱压点，对手的身体大部分也就会随之被控制）。绞技是用各种方法绞锁对手的颈部，并使用技术压迫其颈动脉、颈静脉以及气管，使对方脑部缺氧而认输。短时间的脑缺氧会造成休克昏厥，长时间的脑缺氧则会造成脑死亡，所以说绞技训练中一定要注意安全。

关节技是指在对手肘关节等关节部位施用反关节技术。

固技——袈裟固、崩袈裟固、上四方固、崩上四方固、横四方固、纵四方固、后袈裟固、肩固等。

绞技——裸绞、送襟绞、片十字绞、并十字绞、逆十字绞、片羽绞等。

关节技——腕缄、腕挫十字固、腕挫腋固、腕挫腹固、腕挫膝固等。

（3）当身技

当身技就是一种拳打脚踢的击打技术。亦是日本古柔术的技击技术。实战时，对准对手的要害处，用拳、指、掌、肘、膝、足等猛击，或打或踢地战胜对手的技巧。这种技巧在柔道比赛中严禁使用。

4.柔道训练的方法及相关修炼

练习的方法：

柔道技术的练习，有"形"（如同武术中的对练套路）和"乱取"（自由的技术练习）两种形式。这两种形势应互相结合来练习，形的练习有助于我们掌握正确的柔道技术，形成规范合理的动作记忆。

"形"（KATA）：

"形"类似于中国武术的"套路"，多为两人的攻防对练。

充分了解"形"并与乱取的自由技术训练结合起来练习对于技术提高非常必要。形是套路式的规范动作练习，比较单调，缺乏活用性；而作为自由练习的乱取是两个人互相利用所学的技术，进行攻防练习的方法。

乱取是柔道练习的中心环节，是能够使技术、体力、反应能力、战略能力融为一体的练习，是提高自己综合实力不可或缺的练习方法。

自由技术的"乱取"可以自由进行攻防，能够激起练习者的兴趣，但是容易忽略技术动作的规范性。形的连续使得训练者形成正确的动作记忆和动作感觉，能使训练者掌握正确的技术，并能达到良好的效果。特别是在开始阶段，为了正确高效地掌握基本动作，形的练习显得更为重要。因此，以"形"的练习来首先掌握正确的技巧动作，打下牢固的基础，仔细纠正自己不正确的动作，高效地增进自己的技术和体力，这也会使"乱取"训练得以事半功倍的效果，使

柔道技术良性地进步和提高。可以说形和配合练习是进入自由练习（乱取）阶段的必要基础。每个人都有各自的得意之技，但不过是有限的几种，而且并不是左右开弓得心应手地运用出来。通过形的练习，可在各种幅度上都能左右逢源地自由运用，所以在乱取中能掌握活学活用的本领。

当身技（打击技术）由于在乱取中不能使用，所以可以在形的练习中进行训练。

柔道投技、固技和当身技。柔道中包含柔术的大部分技术，但由于当身技这样的打击技术比较危险，所以在比赛和乱取中都不可使用，而只有在形的练习中来学习掌握。

柔道中形的种类和名称举要：

（1）"投技"之形和"固技"之形

这两种统称为"乱取"之形。这种形，分别用于"乱取"中的投技和固技，是为了教学上的理论与实际而加上这样的名称。

投技的形：

手技——背负投、肩车、浮落。

腰技——浮腰、扫腰、钓入腰。

足技——送足扫、支钓入足、内股。

真舍身技——巴投、里投、隅返。

横舍身技——横车、横挂、浮技。

固技的形：

固技——袈裟固、肩固、上四方固、横四方、崩上四方固。

绞技——片十字绞、并十字绞、逆十字绞、片羽绞、裸绞、送襟绞。

关节技——腕缄、足缄、腕挫十字固、腕挫腕固、腕挫膝固。

（2）极的"形"

用当身技的击打技术或用武器进行攻击防御，主要学习自卫防身术。可以徒手或持武器(如短刀或长刀)来训练。

（3）柔"形"

是把以攻击和防守原则的体势、力的用法，按人体运动之道设计成组合技，练习中不受服装、地点的

限制，可以随时自由练习。

（4）古式的"形"

是嘉纳治五郎先生从起倒流柔术中的"铠组打"的形学习而来。这种形式是穿戴盔甲进行练习的，是古代日本武士所用的格斗之术。

（5）护身术（自卫术）

假想互相（揪搂）绞、打、突（戳）、踢的情况，或者想象用短刀、棍棒、手枪等攻击的情况时，组合防身技术。是"击打技术的形"的新发展。

（6）女子护身术

是女性遭到不法侵犯时，进行防身的技术动作。基本招式是摆脱对手，远离对手并制服对手。

乱取(RANDORI)：

从江户时代起，乱取和形就是日本武术主要的两种形式。乱取为自由对练，不是按照固定的模式套路，而是由两人进行自由对抗实战练习的一种形式。其中包括投技和寝技，乱取的练习应先从投技开始，然后是寝技，之后两者兼而有之。是二人进行自由攻防练习的一种形式。乱取是讲道馆柔道练习的主要内容。要达到乱取的良好效果首先需要以放松稳定易于防守的"自然体"开始；其次乱取练习投技为主。在乱取中能够锻炼练习者良好的实战心理、技术应变能力、体能及实战的经验。柔道不讲蛮力，讲求的是一瞬间集中发出的高度协调整体，轻巧而又具有硬度的力。

柔道选手应当具备良好的速度力量、速度耐力、灵敏反应的能力。

柔道技术多种多样，复杂而富于变化，掌握其全部技术难度较大。最为重要的是，应该充分理解柔道的理论和方法。从简到繁进行合理的反复练习，以达到深刻体悟。

在配合练习的开始阶段要尽量把移动范围规定在两步、三步以内，方向也要加以固定。以后再逐渐使之得以自由移动，以便接近于自由练习。

必须将练习计划重点明确，如集中练习左边使用技术，或集中于右边使用技术，或集中于自己尚未得心应手的技术，或重点练习不易掌握的技，或仅集中于手技、足技，等等，这样才能够获得较好的学习效果。

第二章 柔道的礼法与柔道服

第一节 礼法

所谓礼法，是对对方表示敬意的一种形式，柔道非常讲究"以礼始而以礼终"，重视待之以礼。

1.立礼

①两脚跟靠拢，膝部挺直，自然站立（以后部分简称"立姿"），目视对方。

立礼

②身体自然前屈（约30°），两手指尖顺势滑向膝部髌骨上方。静止不动片刻，然后自然抬起身来，恢复原来姿势。进行这种礼法的速度约为一次平静的呼吸——一呼一吸的时间。

立礼的注意要点如下：站立时，背伸直、收下颌，头正直，两手五指并拢，在体侧自然下垂，静穆地施礼。

2．从站立姿势转为落座

①由站立姿势，将左脚向后移动一步。

②左腿屈膝下跪，膝部至左脚之前的位置。

③右脚后移，右膝与左膝并拢一并跪下，两脚尖直立，腰部挺直。

④完成上述动作后，两脚尖下伏，脚面接触垫子，两只脚的大脚指重叠在一起（右上左下）。然后落腰，端然正坐。

从站姿到坐姿

3．正坐

①两只手的指尖轻轻靠拢，放在两大腿的内侧。

②两膝向左右分开，应有两拳之距离。

③两脚的尖端，左脚大脚指在下，右脚大脚指在上，相重叠。

④背挺直，收下颌，双唇轻闭，二目平视。

⑤切忌两只脚相重叠，驼背。

正坐

坐礼

4．坐礼

①以正坐姿势，两手平行于两膝前方。两手与膝部相距约有两拳之长。两手食指指尖的距离约 6 厘米。

②上体前倾，前额倾至与两手相距约30厘米处。礼毕后，抬起上体，恢复以前的正坐姿势。

注意事项：

行礼时，切忌将后背弓起或将臀部脱离脚部。

行礼时也切忌过分低头，或仰起下巴目视对方。两手的距离不可过大。

5．从正坐姿势站立起来的方式

①按落座时向相反的方向运动。正坐是跪着，臀部坐于脚跟之上。现在则抬起身体，伸直上体，同时站起身来。

②抬起右膝，右脚向前，落在方才落座前的位置上。

③将身体重心落于右脚，站起身来。

④左脚前移，两脚并拢，恢复站立姿势。

注意事项：

无论是坐下还是起立的过程，均切忌身体摇晃摆动。动作要安详稳重。

训练场的礼节是要"以礼始以礼终"，练习开始或终了后，双方都要互相行礼（立礼或坐礼）。进出训练场之际，要首先向原来已在场的人行礼。如果对方坐着，则行坐礼，对方站立则行立礼。行经训练场相遇，要互相点头致意。

第二节　柔道服

在国际柔联制定的《柔道规则》中对柔道服有明确的规定，学习者应选用适合自己身材的柔道服。柔道服不符合规定，将不允许参加比赛。

柔道服必须用牢固的棉制或类似的材料制成，并且完好无缺（无裂缝或撕裂处）。

柔道服应为白色或蓝色。

柔道服上的标志应注意下列事项：

①运动员的出场号码应缝在柔道上衣的背部。

②运动员所属国家或地区的国徽，可印在柔道上衣的左胸前。

③柔道服的商标可固定在柔道上衣的前下摆处。

④双肩标志带，最长为25cm，最宽为5cm。

⑤比赛者的姓名可绣在腰带上。

柔道上衣的长度须盖住大腿，当双臂在体侧完全伸直时，道服上衣应足够宽大，其前襟在胸前重叠部分至少要有20cm，其袖长应到腕关节，最短距腕关节不得超过5cm。在袖和臂之间应有10～15cm的空隙。

裤子不得有任何标志，最长应到踝关节，最短距踝关节不得超过5cm。在裤子和腿之间应有10～15cm的空隙。

在腰部必须系一条结实的，其颜色代表选手段位的腰带。宽度为4～5cm，长度须在绕腰两周用方结系紧后，两端各留20～30cm。

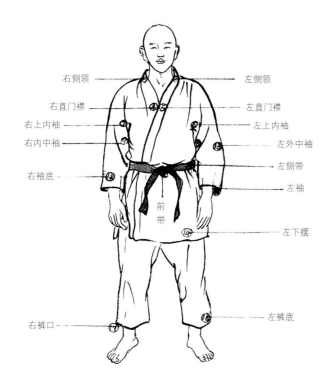

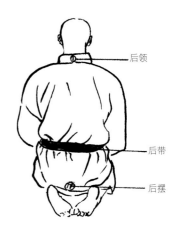

第三章　柔道的攻防基础

第一节　力的用法，崩、作或挂，"体捌"

力的用法及训练中需要注意的要点：

用力最关键的是要高效地利用自己的力量。如同在东方绘画中"惜墨如金"的义理，在柔道实战中我们如中国画中"惜墨如金"般地高效用力，这样可以节省体力使我们在实战中占得有利地位。在对手力量比我方大的时候，摔倒对方则要"四两拨千斤"，尽量巧借对方之力。所谓你推我拉之，此为武术中"圆化"劲力，与太极推手提拉旋转用力的原理相同。力学原理为：在一条直线上，方向相同且同时的两个力，其合力的大小等于两个力的和。这样大大加强了我方摔倒敌人的力道。例如，对方企图推进的时候，我方借此机会拉对方来加大对方前冲的力量，将其拉向前方而伺机摔倒。或者对方企图拉我方时，我方顺势大步向前将对方向拉我方的方向摔倒。借对方之力，可以将强于我方的对手摔倒。或我方欲擒故纵地运用拉推结合、旋拧多变之力，使对手反抗，并顺势借其身体移动之势将对手摔倒。这种顺应对手之力"四两拨千斤"的巧劲体现着武术的技艺和哲思。用蛮力企图逆对手之力在对抗中来施技是很难成功的，如果对手力量强于我方，则根本无法成功。即使能够使尽全身的"蛮"劲摔倒对手，这样的施技既不艺术也不智慧，这样的武艺失掉了其中"艺"的成分。虽然在剧烈的运动中无法将脂肪的氧化提高到不需要碳水化合物（肌糖原）的程度，但事实上进行低强度的运动比高强度运动燃烧更高比例的脂肪，假如我们能够在高强度的柔道对抗中通过自我的放松柔顺的动作来消耗更多的脂肪而使我们体内的碳水化合物储存持续的时间更长，从而提高我们的耐力。因而我们在实战中动作的放松是极为重要的。从运动生理学上来看，在投技格斗的运动中，我们需要整合我们的脚步、臀部、腰部、头部等部位的动作来保持我们身体的平衡，即注意将自己的重心保持在两脚之间的基底面内，故不易被对手摔倒。我们通过这种整合协调之力来保持平衡的能力达到本能反应之时，才能达到摔柔中无我听劲的本能状态。这种整合协调的整劲也同绘画艺术中的整体审美的意义具有同样的道理。在投技的施技中，我方首先需要破坏对手的姿势和重心，获得最佳位置和体势角度，运用最恰当的技术将对方摔倒。这些动作都是在移动中来等待一瞬间的最佳施技机会。逐渐做到一气呵成，"行云流水"的本能连续动作，如同书法运笔写字造型般的自如表达才算掌握投技。

在站立的投技进攻中，柔道手的站立体势技巧、抢手抓握对手的能力、移动速度的快慢、"卡位"（体位及与对手的角度）和获得体位的意识，直接关系到其在实战中胜负的结果。柔道中"一本投"如同自由搏击中的技术性击倒，它来得如此之快，在对手意识到受攻击之前就已经完成了技术。

在古代的战斗和实战搏击中没有任何保护措施下，"一本投"会使对手直接昏厥（柔道比赛中得分标准共有四个等级：一本、技有、有效、效果。处罚标准共有四个等级：取消比赛资格、警告、注意、指导）。"一本投"如同拳击中的ＫＯ拳，在古代武士的生死战斗中，一本投技可以使对手重重地摔在地面上，很直接地制服对手，根本无须地面缠斗。在投技进攻中经常会遇到对手的防守反攻，所以熟练地运用连络技术的进攻至关重要，连贯的投技转换包括从投技进入到地面寝技和绞锁技术的连接（相当重要）。投技能使我方有控制地上节奏的话语权，而优良的地面技术是成为全面格斗家的必备条件，投技和地面技术的训练是相互促进的。

取得胜利的柔道技术中最佳的技术是简朴实用无半点做作花哨的实战之技，这样的技术方能给人真正的审美感受，这也符合东方老庄美学中"大美"的标准。每个柔道修炼者都需要修炼自己的"得意技"或说是"绝招"，找到自己的"得意技"如同为自己寻找一个格斗利器。选择一种得意技要根据自己的特点，包括自己的身高体重、身体四肢的比例和自己的心理素质特征。但这并不是说要让以上的因素来限制你的发挥。勇敢地冲破极限、不断地挑战自己是每一个柔道选手应有的品素。

柔道中"崩""作""挂"和"体捌"的意义：

饭久保恒年曾在日本幕府末期官办以教授武术为主的学校任教，是善于投技的名人。当时饭久保恒已经50多岁，但是23岁的嘉纳治五郎在投技方面仍不是他的对手。嘉纳治五郎每次在练习中反复观察分析饭久保恒的动作。一天与饭久保先生交手的嘉纳治五郎屡次将其摔倒，当饭久保恒疑惑之时，嘉纳治五郎将自己的心得告诉老师："我认真观察先生摔弟子的情景，弟子快被先生摔倒的瞬间，身体僵直，朝先生要摔的方向倾斜，先生借倾斜之势将其摔倒，我反复研究，今天按这个方法便能够使投技成功。"

嘉纳治五郎从饭久保恒的技术中观察出的动作规律，后来被称为"崩"的原理。"崩"使对手的重心超出支撑面，此时会使对手会产生一个恢复重心的反应，而身体在瞬间僵直，我们称其为"刚体"。这时运用投技，可轻易将对手摔倒。崩就是破坏对手重心之后准备再施投技，崩可向八个不同方向破坏对手的重心。"作"和"挂"是指破坏对手的姿势而我方采用适合运用技术的最佳位置和体势，两者都可称为"作"。"挂"是指利用一系列动作，并运用最恰当的技术将对方"摔"倒。

这种"崩""作"和"挂"是一气呵成的连贯动作。简而言之，就是在实战摔法中通过抢手推拉和身体的位移破坏对手的重心而我方趁机居于有利的施技体位，并伺机将对手摔倒的整个过程。在实战攻防中应该时刻保持自己正确的姿势和身体重心的稳定，同时要做到身体放松地快速移动变化。为了运用技术，必须不断朝着最有利的体位变化自己的身体方向。日本人将这种不断变化中将对方摔倒的方法叫作"基本的体捌"。

初学者可以将崩、作、挂的分解动作进行练习，理解摔法的要素，逐渐形成实战中贯气流畅的本能动作习惯。

所谓投技，就是互相以站立姿势，一方将对方摔倒的技术。"以柔克刚"，这就是柔道的魅力和特色。这是合理地利用各种各样力的作用和时机，将对方摔倒。

想做到以柔克刚、四两拨千斤就需要理解并控制对手的重心。

杂技表演者能将任何形状的物体用细棍或头顶将其顶到保持平衡的某一个点上，这个点便是重心。支撑它的方向即所谓重心线。

不仅物体，人体也有重心和重心线。由于人体运动中姿势的不同，这个重心也有变化。

在人体稳扎马步姿态时，从重心向下垂直的重心线，是要通过支撑身体的两脚的中间部分，这个姿势在柔道中是比较稳定的体位，此时，使用柔道投技进攻持这样体姿的对手则不容易将对手摔倒。

但是如果我们使对手的身体向任何方向倾斜，重心线便会脱离基底面而移动，重心线若是偏离到体外，身体就会倒下，这样我们就破坏了对手的重心，此时对手的身体像根棍子般的僵直而不能自由变化保持自身的平衡变换姿势，此时可以称对方为刚体，如果借此机会向这样呈刚体状态的对手施技，便会到达到四两拨千斤的投技效果。所以我们说："拉起来摔"就是说要首先破坏对手的重心使其不稳，便可以方便我们施技将对手摔倒。破坏对手重心的练习就是使对手成为失去平衡重心状态的体式而便于我方将其摔倒。其方法是对方固定不动，我方则向八个方向迈步，去向八个方向移动破坏对手的重心。即八方崩（倾斜），其八个方向如下：

① （正前方）体重于两脚尖。

② （正后方）体重在两脚后跟。

③ （右横）体重于地右脚外侧。

④ （左横）体重于左脚外侧。

⑤ （右前身）体重于右脚尖。

⑥ （左前角）体重落在左脚尖。

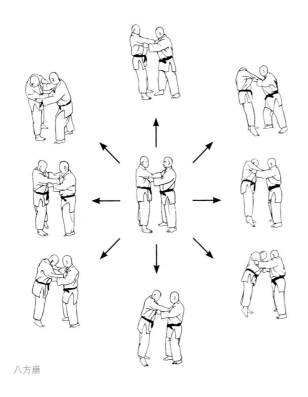

八方崩

⑦（右后角）体重于右脚后跟。

⑧（左后方）体重于左后脚跟。

我们也可以称这种使对手失去平衡和运动稳定能力的方式为"破势"。

在练习中可以较柔和地运用垫步移动三步，在第三步时，迈出比对方幅度更大的脚步而去做这种"崩"和"破势"的练习。

体捌：

在进行技术动作的过程中无论进攻还是反攻，我们不仅应该保持自己正确的体势、体位和身体重心稳定，还应该做到身体放松，轻快地自由移动变化。双方对攻时，一方略微平衡不稳、重心有失，就会给对手进攻的机会。同时我方为了能够创造机会使技术成功，必须获得最有利的位置角度，不断迅速变化获得最佳体位并把握住时机迅速进攻。武术实战中了悟运动之道尤为重要，物体在时空中的位移形成运动，空间和时间是运动的两个要素，因而我们要在不断变化的过程中把握住"天时地利"的时机，运用速度、力量兼具的技术将对方摔倒。想要将对方摔倒，我们必须将身体移至容易运用技术动作的位置上。对方和我方的位置及方向角度，必须与我们所要实施的技术相应和。

"体捌"即是让我们获得最佳进攻的体位技术。我们通过"作"和"挂"来破对手之势，然后通过体捌进入。体捌有左（右）足前捌、左（右）足后捌、左（右）足回转捌等。

以体捌进入大腰、钓入腰，背负投等动作的体位技术如下：双方互相以自然本体对面站立，按右脚、左脚的顺序，在对方前方转身，我方与对方处于同一方向的前后位置。

进入膝车、支钓入足的进攻体位方法：互相以自然本体相对站立，身体重心要稳。按左脚、右脚的行进顺序，将身体转移到对手左脚前的直角位置。

进入"体落"技术的体位方法：互相以自然本体相站立，按左脚、右脚的行进顺序，将自己身体左展，形成直角位置站立于对方左脚前方。

所谓"取"是指运用技术的一方——取方，即进攻方，本书中我们称之为施技方、进攻方或我方。所谓"受"是指被使用技术的"受方"即对方。

准备活动：

柔道训练的运动量极大，因而充分的放松准备活动十分必要。

准备活动可使关节及肌肉轻松柔软，提高呼吸及循环功能，使神经活动旺盛，消除身体和精神的紧张状态，提高练习效果。

柔道的准备活动多种多样，主要为活动开周身关节、肌肉以防止运动中受伤为原则。热身能防止拉伤，对于柔道这类重竞技运动的项目尤为重要。因此训练和比赛前的热身是必不可少的。

第二节　姿势、组法、步法

1.姿势

对投技来说，最关键的就是姿势，正确的姿势能够让身体自然放松地进行标准的施技。

柔道的姿势包括自然体［自然本体，左（右）自然体］以及自护体［自护本体，左（右）自护体］两种，投摔的基础乃是自然体。自然体要自由自在地站立，需放松，稳定，且不易疲劳。是攻守皆宜的基本姿势。

自然本体是两脚分开，保持一个脚长的宽度，两脚站在一条线上。

自然本体

在自然本体的基础上，再将右脚向前方迈出一脚长的距离，叫右自然体。在自然本体的基础上，再将左脚向前方迈出一脚长的距离，叫左自然体。自然体要将体重均匀分布于两脚，膝部放松微挺，头部和身体保持在一条线上直立，两手自然下垂于体侧，二目平视，身心虚静自然，无任何僵硬之感。

从自然本体姿势，将脚向一旁挪宽一些，两脚张开，腰部下沉，身体重心放低，两膝稍弯曲叫自护本体。

从自护本体姿势，再将右脚稍宽一些向前迈出站立，腰部下沉，微微下蹲，叫右自护体。同理从自护本体姿势，将左脚微宽一些向前迈出站立。腰部下沉，微微下蹲，叫左自护体。

2.组法

基本的组法是指互相对立，一方用一手抓住对方的一侧直门襟，另一只手抓握对方中袖，即是一只衣袖的中部（肘以上部位）。

开始时要练习这种基本组法（抓握法），随着技术的进步，自己和对手的姿势、身体的动作，可根据技术的需要，采取最适合要求、变化多样的组法。

基本的组法有左（右）自然本体组法、右自然体组法和左自然体组法。

以自然体姿势，两肘微曲，互相用右手柔和有力地抓握对方的左直门襟（拇指在内，四指在外），用左手抓握对方右衣袖的中段，日语中谓之"右组"。"左组"与此相反。这种放松的姿态可以迅速地反应并做出提、拉、推、转等动作，便于技术的有效实施。

自护体的组法是以自护体的姿势，互相用右手伸入对方的腋下，控制其一条胳膊，互相将头部探到对方的右侧，上体略前倾保持一定距离，且要端正，形成"右组"。"左组"则与此相反。

3.步法

和对手相"组"对峙时，做到前后左右移动脚步，在保持自己身体稳定的同时，进行推拉以破坏对方的平衡，自身则始终保持稳定的自然体。或迈步，或滑步，或垫步，使自己轻快自如地移动。

①垫步可向前后、横向、左（右）斜前后方向。

②步行脚步与平常步行时的脚步相同。即两脚交替迈步行进的步法。

③滑行步即以滑步的方式行进，使脚掌擦着地面，像滑行似的移动，滑行步幅不可太大或太小。这种步法在各类武术中均很常见。

在步法的移动中不可将体重落在一只脚上过久，这样很容易受到对手的攻击，应始终注意保持整个身体的稳定。

在移动的过程中应该有整体协调用力的意识，要使脚、腰、上体协调一致地移动。移动时要防止重心的上下起伏而被对手进攻。

柔道运动员在长年的柔道专项训练过程中，他

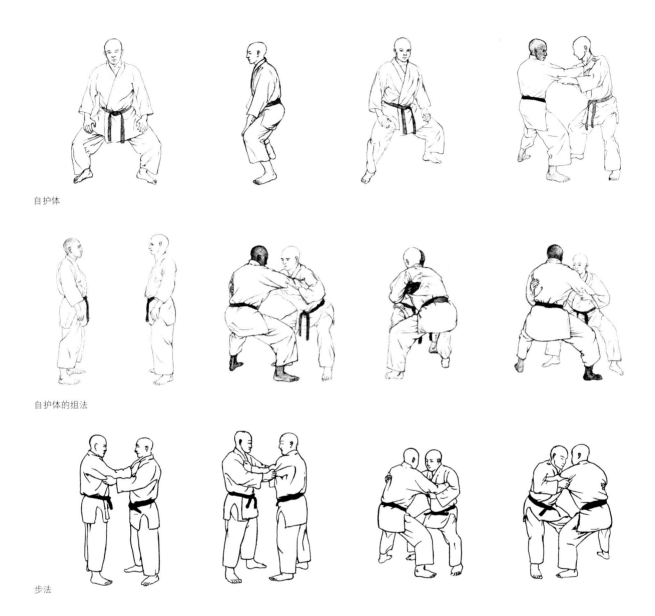

自护体

自护体的组法

步法

的身体姿势和肌肉会适应柔道运动的专项动作需求。这一系列的身体姿势动态变化是动态关节运动链与运动动作高度协调。如果柔道专项动作没有定型，在运动过程中无法协调成一个整体的进行动作，那么这个出现问题的关节或动作环节将导致动作失误或运动损伤的出现。在核心训练中，对抗重力，维持身体平衡和体姿的肌肉训练对于柔道运动员来说极为重要。这部分肌肉使柔道运动员的身体结构成为一个整体而满足身体位置动态改变的动作要求。身体动态体姿的不断变化排列形成动作，在运动过程中，身体姿势是动态的，而不是静止的。可以说静态的姿势与运动动作没有关系。这一点在体育运动研究和艺术人体动态研究中都应引起我们的关注。柔道运动员的专项技术动作的质量和动作的放松、协调的流畅度取决于运动员的肌肉力量、柔韧性、平衡能力和基础技术技能等因素，因此重视相关专项的肌肉力量训练和柔韧性等训练将会提高运动员的运动能力和质量。

第四章　柔道的受身（倒地方法）

第一节　受身：倒地法

倒地的方法——受身

所谓"受身"，即倒地的方法。当我们被对方摔倒时，要将身体所受到的冲击力减轻到最低限度，来防止受伤。如果没学好倒地技巧，实战中被摔倒时难免会紧张，也容易受伤。良好正确的倒地技巧自然会使这样的紧张心理消失，这样便能轻松自如地和对手实战。掌握好的倒地技术会对投技技术的体悟和提高有所帮助。

根据对手使用投技技术的不同，我方相应运用不同的受身方法，大致可分为前受身、后受身、横受身、前滚动受身等。

在倒地技术的练习中应按顺序进行，并由低位姿势逐次进入高位姿势。动作由缓及快，逐次提高速度。

第二节　受身：横受身

横受身（侧倒）（Yoko ukemi）Falling sideways

（一）由长坐姿势开始的"横受身"的基本技术

①长坐姿势，右臂伸至左肩附近。

②将身体向右后方倾倒过去，同时两腿并拢自然向左上方抬起，按右后腰、右后背、右后肩的顺序将身体如车轮滚动般地向垫上倒去。这样的倾倒方式可以化解冲击力。

③在腰带触及垫子的同时，右臂有力地拍垫子成右横受身。然后借倒下去的反作用抬起身体，恢复初始姿势。左横受身的技术与此相同，只是方向相反。

（二）由蹲下姿势而成"横受身"

蹲下姿势开始，以左腿支持身体重心，将右腿向左腿前左斜方向伸出，同时将右臂抬到左肩前，把臂部落在左脚跟内侧附近，将身体向后斜方倒去，将左腿一并抬起，用力挥动右臂并用右臂有力地拍击垫子，圆球形团身并向身体右侧滚倒形成右横受身。再用此法以相反方向进行左横受身的练习。

（三）由站姿向侧方移动身体转成"横受身"　是用途较为广泛的受身，而且也是前滚动受身的基础。其基本技术如下：

①自然体站立，向左横侧方，先左脚后右脚轻轻移动脚步。移动步伐应轻松而有节奏。

②左脚大踏步地迈出，使其支持身体重心。

③右腿顺势踏弹而起自然放松地大幅度摆向左斜前方，轻妙地落身下腰，身体倒下形成右横受身。

（四）以一只臂膀、两条腿同时拍击垫子成"横受身"

①仰卧，两腿自然并拢自然伸直，两臂直放在体侧，头部、右臂、两腿同时向上抬起。

②身体转向右侧，两腿仍自然伸直，右腿在前，左腿在后。

③形成右侧身的同时，右臂和两脚同步有力地拍击垫子。拍击垫子的臂与身体要成30°~45°。

④左手按于腹部，然后恢复仰卧姿势，两腿、右臂同时向上抬起，向相反方向进行左横受身练习。

由蹲姿开始　横受身

由站姿开始的横侧倒法

第三节　受身：后受身

后受身(后倒的方法)(Ushiro ukemi) Falling backward

（一）交叉两臂，拍击垫子

①仰卧姿势，两腿并拢伸直，两臂自然伸直在体侧。

②两手伸向正前方，两手在腕处体前交叉。

③低头下颌收紧（头的这种姿态是为了保护后脑），与此同时两手手指伸直，用手掌及腕部拍击垫子，两臂与体侧成30°～45°。

（二）抱住大腿向后倒

①坐姿，臀部着垫，两腿屈曲以双手抱住，脊背部呈方形。

②两腿自然抬起，同时将上体后仰，身体呈圆形向后滚翻倒去（这样可以使身体受到的冲击得以缓冲），倒下后靠反作用力抬起上体，恢复原来姿势。

（三）从坐姿势成"后受身"（后倒）（如下图）

①臀部坐于垫上，两腿伸直向前，两臂向前平伸，高与肩平。

②下颌回收，身体呈圆形，两腿伸直向后方滚倒，以带子后方为基准调整身躯。

③当后腰带接触到垫子时，两手臂用力地拍击垫子，靠反作用力恢复到原来姿势。动作需有节奏。

(四)从蹲下的姿势呈"后受身"（后倒）（如下图）

①屈曲双膝，腰部下落（以下简称蹲下姿势），两臂前伸，高与肩平。

②上体向后方倒下的同时，两腿并拢向前伸出。

③团身呈圆形，按臀部、腰部、后脊背的顺序触及垫子向后滚倒，同时两臂拍击垫子。臀部离脚越近越好，这样可缓冲撞击力。

由从坐姿势成"后受身"变身的起始图

由蹲姿成"后受身"变身的起始图

（五）从站立姿势呈"后受身"（后倒）

①自然站立，两臂前伸，高与肩平。

②屈曲两膝呈蹲下姿势，站立变为蹲下姿势时，臀部应尽量紧贴脚跟，然后运用从蹲下的姿势呈"后受身"的技术向后倒下。放松协调地用整个手掌和手臂拍击垫子。

技术要领：

①由站立姿势变成蹲下姿势，一直到向后倒去，这一姿势必须准确。

②两臂前伸，如果其角度张开过大，则很难正确地拍击垫子。

③两臂平伸时，其宽度应与肩同宽，如果过窄，或两膝屈曲，两腿分开，则不能使身体呈弓形，更不能完成拍击垫子的动作。

（六）前进、后退中的"后受身"（后倒）

①自然体站立，向前或后退迈步。

②身体重心落在左脚，右脚前伸，同时两臂向前平伸。

③左膝屈曲，腰部下落，臀部接触到左脚踵时，左腿也伸向前方，与右腿并拢前伸而身体向后倒去。下倒应收下颌，并放松柔和的缓冲力量，防止过度回转而伤到头部。

（七）被推倒时呈"后受身"（后倒）

①两人相对，以自然体站立。其中一人前进，用右手推对方的前胸部。初练时推的力量可缓慢柔和。

②用右、左脚前进的顺序来推对方，第三步迈出右脚时便推放对方。

被推者，后退两三步将对方的推力减弱，即可调整身体重心向后方倒下去。

（八）前进中跳起呈"后受身"（后倒）

加速前进，用左脚或右脚用力蹬地跳起。两脚跃离地面，随惯性上摆。

腾空后，向后倒去。

技术要领：

这种跳起后受身难度较高，由于倒地惯性原因，冲击强烈，背部会受到强劲的冲击力，有的会震得体内疼痛。因此，背部接触垫子的刹那，瞬间的憋气或发声吐气，同时用臂拍击垫子是至关重要的。

腾空"后受身"图

由站姿成"后受身"变身的起始图

第四节　受身：前受身、前滚动受身

前受身（前倒）(Mae ukemi) Falling forward、前滚动受身（前滚动倒）(Mae-mawari ukemi) Tumbling forward.

前受身：

（一）两膝跪立姿势向前"前受身"

①两膝跪地、脚指触地、脚掌立起，上体直立。

②同时两臂弯曲呈45°角，置于胸前呈环抱的防御姿势，身体向前倒去。

以两臂及手掌拍击垫子，全身伸展，以脚指尖端与两手支撑身体而形成前受身。

两膝跪立姿势向前"前受身"图

（二）从站立姿势而成"前受身"

自然体站立，身体笔直地倒向前方而形成前受身。倒下时，用双足尖和两臂支持身体。千万注意，收紧腹部，用两脚尖和两臂支撑身体，胸部和腹部不着垫子。同时注意收住下颌。

（三）前滚动受身（前滚动倒）

从蹲下姿势向前"前滚动受身"。

①从左自然体位屈膝而成为蹲下姿势。

②左手放在左脚和右脚前的一个点上，使三者正好形成一个正三角形。

③右手掌放在左手和右脚之间，指尖向内（和左指尖相对）。

④提腰，头伸向裆内团身体成圆形，然后双脚蹬地，向前滚转。滚动时按右臂外侧、右后肩、右背部、右后腰的顺序接触垫子。圆转运动如车轮压过地面一样向前滚动。

⑤后腰带接触垫子的同时，左臂用力拍击垫子，形成右前滚翻受身，以同样要领，方向相反来练习左前滚翻受身。

（四）由站立姿势而形成的"前滚动受身"

取右自然体站立，迅速两手按地，按前滚动受身的要领（即三点成正三角形）双足发力蹬地，身体腾空如鱼跃前滚翻的动作向前滚动受身。

（五）行进中前滚动受身

①从自然体位开始，依次迈动右脚、左脚快速前进。

②当迈进第三步时，右脚便大幅度有力地踏出，与此同时两手按以前学过的要领在前方按地。

③两脚用力蹬起，进行幅度较大的滚动受身，用左臂拍击垫子的同时，借冲力腾身站起。

技术要领：

①开始时可在第三步时翻滚，以后可以增加步数，提高速度。

②滚动受身完成后，站起身来时两脚张开幅度不可过大，也不可打着脚后跟，也不可叉开。

③站立起来时，屈膝或缩短身体，这样做当然比较容易进行，但按动作要求则应将腿伸直。

（六）用单手进行的"前滚动受身"

①快速前进，在右脚落地的刹那间猛力蹬起。

②与此同时，用右手按住远处垫面作为支撑，进行快速翻滚。

③形成滚动受身后，利用前冲和拍击垫子的力量，站起身来，恢复自然体位。

技术要领：

①五指并拢而朝体内方向，肘部朝外，向滚动方向滚动。

②右臂不要弯曲而要伸直。在想象中好似用小拇指支撑身体似的，把力量运到手指，这样可以做到身体呈圆化之劲进行滚动。

（七）跃起"受身"

①以人为障碍物，根据情况，可将姿势加高或放低。练习者要跃过人障，进行滚翻动作。

②作为障碍物的人数，可逐渐增加2～3人，以增加练习者跃起的幅度。

③这种受身可以和巴投、浮技、隅返等舍身合并练习。

技术要领：

在初学者学习的开始阶段不应急于练习跃起受身，因为这种受身难度较大且有危险。应该等到正确的基本受身积累到相当的基础后，才能进入这种练习。

由站姿而呈"前受身"

由蹲姿向前"前滚动受身"

行进中的"前滚动受身"

第五章 柔道投技中的立技——手技篇

第一节 立技：手技：背负投

背负投(Seoi-Nage) Shoulder Throw

背负投是施技方抓住对方（受技方）道服的领子、袖子或抓住其单臂将对方拉向施技方迫使对方失去平衡，同时施技方上步背步把对方背负起来通过肩、臂、腰背的配合动作将对方向前摔倒的技术。背负投有"双手背负投"和"一本背负投"。对于背负投(Seoi-Nage)英文为"Shoulder Throw"的理解有些偏颇，有材料将其称为肩投。但Seoi的原意并不是肩膀的意思，Seoi是指背起或越过背部。当我们使用背负投技术的时候并不是以肩膀为支点将对方摔出。背负投被归类于柔道的手技中，如其他背起向前摔出的技术一样，在背负投技术中，手臂主要是锁住对方的上体并使其在合适的位置，施技者应使用髋部作为支点支轴运用惯性向前转体将对方摔出背部着地的状态。

双手背负投(Morote-Seoi-Nage) Two-arm Shoulder Throw

基本技术：①以自然本体右"组"，施技方以右手抓握对方的左门襟，并向上钓入，左手抓握对方的右中袖，肘部高抬，挺胸向后上方拉去，以备将肘部抵于对方的右腋下。

②施技方转体上右脚落于对方右脚内前侧，沉下身体而迈进。

③以右脚掌为轴继续转体，把左脚深深地背步至对方的左脚内前侧，与此同时弯曲右臂，把肘部托顶至对方的右腋下，左手向前下方引拉，将对方身体与自己身体紧密地贴在一起予以控制，继续转体至对方正前方，此时施技方的腰部不可过分弯曲而影响下一步摔出对方时的发力。施技方两脚站在对方双脚里侧呈八字形，膝部弯曲，身体和对方同平行，获得最佳施技的体位。

④双脚猛蹬，两膝挺直，腰胯部上顶，同时右手上顶，左手用力下拉，上体以冷脆劲猛然前倾。

⑤以螺旋劲将对方越过施技方的右肩摔出，对方呈右前滚倒地。

单手背负投(Ippon Seoi Nage) One-arm Shoulder Throw

技术要点：

施技方左手应该一直拉紧，右臂向上绷起，双臂合力将对方的大臂紧紧拉拽到自己的臂窝中来，右臂向上绷起的同时二头肌收紧，右臂如同钳子般勾夹紧对方的右大臂。施技者应该让其钳子般的右臂把自己的肩膀和对方肩膀紧紧锁住，使得自己的肩背部与对方的胸部紧紧贴紧没有半点儿空隙，同时始终保持"紧底手支上手"，这样可以更好地完全控制对方的右臂，这时候施技者无须用力下蹲来顶起对方，只要通过"长腰变脸"转动髋部就可以将对方轻松地从自己的肩背部摔出。

单手背负投局部图

（一）在对方把左脚迈出的情况下

①以右自然体相对站立，将对方轻轻后推，施技方以左、右脚的顺序前进并推动对方以右、左脚的顺序后退。施技方如果放松推力，对方必然反推施技方，因此对方即将迈出左脚。

②施技方将右脚向对方的右脚前里侧踏入的同时，利用其向前惯性的动势拉动右手，进行钓入。使

单手背负投

单手背负投正面图

对方将左脚迈出，两脚站于一条直线上。此时，施技方右手变为钓入，左手猛拉的牵引力与右手钓入要密切配合。迅速重心下沉、转体要有节奏地上右脚，背左脚，一气呵成地进行。

③施技方转身将对方背起，按背负投的要领摔倒对方。

（二）抓握一侧衣服向前拉的情况下

抓住一侧门襟、一条衣袖，向后拉去。并把对方拉得低下身来。施技方必然要反抗，在其抬起上体的瞬间，以两手向前角钓入，并把右脚向对方的右脚外侧或者里侧踏入，按背负投的要领，施用背负落将对方摔倒。

如果掌握很好的技术和施技时机，一本背负投将很适合摔倒身材高大的选手。嘉纳治五郎早期的学生西乡四郎擅长此技，个子矮小的西乡四郎多次运用这种摔法将身体高大的对手摔倒。这体现了柔道"精力善用"的理念。有一本投的能力如同有超级重拳的拳手。比如说你一拳能打出100磅而你对手的重拳是500磅，那你更遇上了大麻烦。

可以按照"形"（KATA套路）的动作规定演练。

这种练习预先规定了练习的技术。这种练习中双方配合的人中，被摔倒的受技方被称为"受方"，作为进攻者的施技的人称为"取方"。受方采用正确的防守姿势，配合取方的进攻而使得双方在练习中更多地体悟技术。受、取双方协调一致的技术演练，对于柔道技术提高收益较大。因而在固技方面也同样有必要进行这样的练习。

双方的配合练习对于投技可以是原地或在移动中进行：原地进行配合练习，可以让陪练对手自然体站立，将各种动作分解开来，用"崩""作""挂"进行练习，逐步增进动作的速度和力量，但要保持技术动作的正确和完整性。

在移动中进行配合练习，可将陪练的移动定为一步或两步，在移动过程中寻找机会，依据"崩""作""挂"的要领，动作要缓慢进行，以后逐步加快。要训练达到动作本能反应的状态。

拉手上步发力的基本技术对于投技至关重要，我们可以做单项强化练习，由助手在陪练身后双手握紧其后腰带，辅助稳固其重心，练习者则按标准技术拉手上步同时用力向上，向后猛提拉。这是掌握背负投、钓入腰等投技的有效方法。

背负投以"形"的方式练习（手技）（参考图）

①施技方和对方互相走近，相距约1.8米，对方将左脚迈出的同时，将右拳举到头顶。

②左脚也向前迈出，同时抡拳猛力打向施技方头上。

③施技方利用这一机会，以左臂的前部把对方的右小臂由内侧控制，同时将右脚踏入对方右脚内侧，用左手握住对方右内中袖。施技方并不是单纯地举腕挡住对方的进攻，而是利用其来势之惯性准备将对方摔倒。

④以右脚为轴，把身体向左旋转，将右手从对方右肋下向外伸入抓握肩头，把左脚向对方的右脚内侧背步，把对方胸腹部与自己的后背贴紧。双腿蹬直发力，上体弯曲，把双手向下拉而将对方投出。

当对手上步抡拳打击，施技方运用背负投的技术图

施技方把正面朝右，对方站起来之后正面朝左。间隔约1.8米，可再互相对立，照上述方法进入左背负投练习。

施背负投时，如果对方用力挣扎，施技方则飞快地向下落重心，单膝或双膝跪地，手向下拉，利用身体下沉和手拉之力摔投

对手。这样的技术叫"背负落"。跪腿双手背负投是
双手背负投动作与蹦步和跪腿的动作结合使用，这是
个典型的将不同技术相结合来获得施技成功的例子。
这种有力的投技受到轻量级选手的青睐。（如图）

背负落

小内刈和背负投的连络技术图（先以小内刈进攻后转为背负投将对手摔倒）
小内刈和背负投的连络技术
1.双方以右自然体对立，施技方上一步推动对方后退，并趁势将左腿向对方左脚跟扫去。
2.这时对方逃开施技方的左腿扫，后退并打算重新找到身体平衡。
3.此时，施技方要快速上步，转身下蹲，然后施背负投技将对方摔倒。

"单手背负投的防御"技术图

当对方转身将施技方背起时，施技方右脚绕到对方前面半步，致使对方失去平衡阻挠对方施背负投技。同时施技方把身体重心力量都压到对手上身，紧紧压制住对方，然后施送襟绞。

大内刈和背负投的连络技术图

大内刈和背负投的连络技术

当对方试图向施技方施以大内刈时，施技方要迅速把重心转移到左腿然后右腿快速地逃脱对方的左勾腿并迅速转体下蹲，施出背负投技，将对方摔倒。

第二节　立技：手技：肩车

肩车（Kata-Guruma）Shoulder Wheel

肩车，将对方扛在肩上，向侧或向前摔倒的一种技术方法。

左手抓对方的右中袖把，右手抓对方的左上襟；左手用力往左侧后拉，迫使对方身体重心倾向右足上；用右肩顶住对方右腰腹部，右手将对方向左侧或向前摔下。需要注意的技术要领为：抓对方右中袖的左手用力往后拉、右足上步的同时，左足随即跟上半步。

基本技术：肩车

①双方均以右自然体姿势站立，对方右脚引开。施技方再次将左脚向后退去的同时，将左手从对方肘部下方环围过来抓住对方右内中袖（如图），并将对方再向前拉。对方为了保持身体稳定，在施技方的拉力下，右足随即向对方两足中间上一步，同时上体下沉。

②施技方左脚后撤，左手继续用力往下拉。把腰部下落成自护体（腰部下落，是扛起对方的关键），同时以右颈部抵住对方右前腰，将右手从对方内胯伸入。（如图）

施技方左手下拉，右手抱住对方右腿弯，左脚跟上半步，呈自然体势的同时，将对方扛在肩上站起来。身体重心贴近对方身体重心，便可省力地将对方扛在肩上站起。向右前方摔出去。投落的方向要在自己的右脚前。（如图）

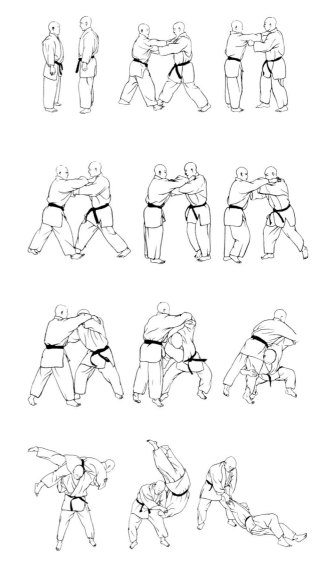

肩车局部图

肩车技术图

第三节　立技：手技：浮落

浮落(Uki-Otoshi) Floating Drop

浮落是施技方猛然撤回左脚跪在垫子上，使对方身体重心向右前方倾斜，利用惯性将对方摔倒的技术。

浮落"形"的技术动作演练如下：

施技方，对方，正面相对，两脚跟并拢站立。

同时正面互相行立礼。（如果互相对面而坐，则行坐礼。同时起立，取站姿）

同时左脚或右脚迈出一步呈自然本体的姿势。

互相走近，以手技开始。一般是在道场中央进行"形"的演练。取方稍稍上前一步选择好自己的位置站立。对方紧随着施技方的距离（约0.6米）和施技方相对站立。

①施技方和对方双方由步行前进而走近。互相间隔约0.6米。

②对方将右脚向前迈出，和施技方以自然体相对站立。施技方则利用这个机会，以左脚开始后退一步，一边形成右自然体相对，拉动对方，欲将其拉向前方。对方则为了保持自己身体的稳定，把右脚一步接一步地向前迈进。对方将右脚迈出，打算以右自然体相对站立式，施技方要不停地顺势拉其向前，使其重心前移。

③施技方再次将左脚后退一步，将对方向其前方拉，对方为了保持重心，与施技方拉力相适应，把右脚向前迈出。

④施技方更将对方前拉，当对方将右脚向前迈出的时刻，施技方把左脚迅速地大幅度向后退，在脚着地的同时，把对方向其前方再拉，把左膝落在左脚后方向上偏左的地方。

⑤施技方用膝、身体下蹲以增加拉力，两手把对方向其前方一气呵成地猛力拉倒。施技方起身，面向后面。对方也起身，取一定距离互相对立。然后以同样左自然体相对站立，进行左浮落。部分技术动作图如下。

浮落技术图

第四节 立技：手技：掬投

掬投 (Sukui-Nage) Scoop Throw

掬投，是环抱对方的躯干，将对方抱起来，向下摔的技术。

基本技术：①对方移动并以内股技术设法进攻。②当对方上左脚要使用技术的瞬间，是完成这个技术的最佳时机。施技方右脚向对方体侧迅速上步，用右腿顶住对方右胯。③两腿弯曲，同时双手紧紧抱住对方。④用两臂的力量牢固控制住对方的身体，双腿用力蹬向上抱起对方，当对方开始下落之时，施技方右脚上一小步，右手发力将对手置于自己的左胯同时拧胯发力，把对方向摔下去，下摔时不要把对方的头部直摔在垫子上，以免造成严重的损伤。

掬投技术图

第五节 立技：手技：枯木落

枯木落(Kuchiki Daoshi) Dead Tree Drop
　　施技者抱住对手的一条腿，同时扫踢对方的支撑腿，使对方如同枯树一样倒地，因而我们也称此技为枯木落，图中为枯木落技术在竞技比赛中的应用。

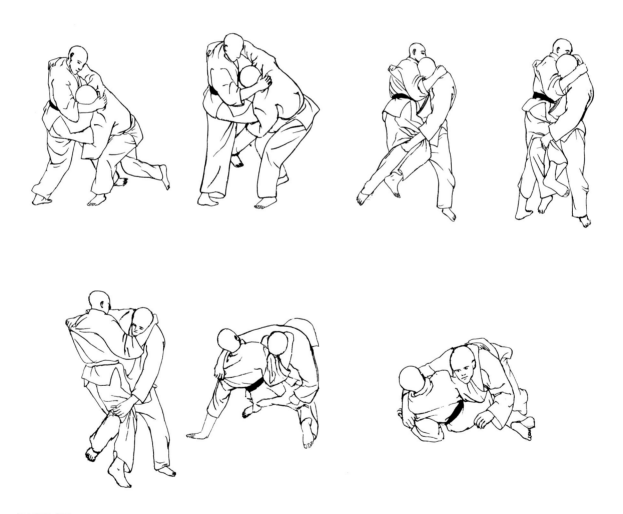

枯木落技术图

第六节　立技：手技：双手刈

双手刈 (Morote-Gari) Two-arm Clip

柔道的抱双腿摔技术与摔跤略有不同。摔跤中，施技者要冲顶进行摔技，这主要是因为摔跤手之间有较大的距离并且由于摔跤手的站架较低，所以这样的技术多在没有抓握的情况下进行，这样摔跤手有足够的时间做下潜和冲顶动作来进攻对手。摔跤手的目的是摔倒对手进一步控制得分，而柔道手的目的是获得漂亮的一本投，如果一本没能获得，那么柔道手将迅速进入地面的寝技和绞锁技。

柔道比赛中有道服可以供抓握施技，尤其是在非奥运柔道的全自由式柔道比赛中，选手可以运用各种各样的地面降服技术并且允许抓腿技术。

双手刈技术图

比赛中的双手刈技术图

单手刈，是头在外抱大腿，同双手刈近似，只是抱一腿。

动作过程：

1.施技方右脚上步落在对方两脚中间偏后，左脚向前跟上，两腿下蹲。

2.同时左手从外侧抱住对方右大腿下部，把对方右腿拉到施技方左腿外侧用胳膊夹紧。

3.蹬腿起身，向后撤左脚，身体向前推顶，使对方向右倒地。

第七节 立技：手技：体落

体落(Tai-Otoshi) Body Drop

体落：施技方扭转左脚同时右脚背步，拉右手紧抓其小袖，继续抖腕拉手。背步拉手一气呵成。施技方蹬左腿拉对方于其双腿前方，转脚内扣跪腿，使自己在以左腿成拦拌对手的同时获得稳定的基本桩步。这时施技方将对方向前摔出的位置猛拉，在施技方两手拉力作用下，对方的重心前冲，施技方拉手蹬转，将对方从左腿的上方摔出。体落的重点是施技方向支撑其体重的右（左）脚外侧上一步作为发力点，利用双手的力量加之身体的旋力，将对方摔倒之技术。

基本技术：

①以右自然体相对站立，将右脚上步至对方的两脚之前，脚要迅速又轻快地在垫子上滑动水平运行，同时，左脚背步，右手钓入（抓握对方左前领襟的手），左手握紧对方的右衣袖，肘部抬起，胸部展开，向前上方用力拉去。两手动作要协调一致，使对方的重心浮动起来。

②施技方一边向左移转，一边把左脚背步至对方的左脚前方，两手更加用力，使对方的身体重心浮动前移。

③施技方将右脚迅速向对方的右脚外侧迈出，使其同对方的右脚踝呈交叉状但不可碰撞在一起。

④施技方始终保持重心稳定，右手加强钓入，左手则改变方向猛向下拉。在钓入、拉力、支拌、腰部扭转的合力作用下使对方完全失掉重心，猛然向前摔倒，形成横受身。

体落技术图

体落——腕挫十字固

①施技方用体落技术进攻，对方虽然向前倒了下去，可是扭转身躯想变换体势。

②此时，施技方双手握住对方左衣袖向上拉。并以十字固基本技术控制对方。

由体落至腕挫十字固的连络进攻技术图

第八节 立技：手技：隅落

隅落(Sumi otoshi) Corner Drop

隅落是当对方身体重心在右后方，处于不稳定状态时，顺势上步用力把对方推倒的技术。

基本技术：双方均以右自然体站立。施技方用左手抓住对方的右中袖外侧，用右手抓住其左前领，两手用力推对方，同时左脚向前一步，迫使对方右脚后退一步，再用力向后拉。对方右脚向前迈出的时候，施方左脚向对方的右脚外侧上步，使对方身体重心向右后方偏移。同时，用右手换抓对方的左手，并推向对方胸部，使对方的身体重心完全移在右脚上，左手把对方右臂抓紧。这时，要屈膝、沉腰，使自己身体重心放在左脚上，右脚掌用力蹬地。同时，集中全身力量，将对方向其右后方推倒。

隅落技术图

第六章 柔道投技中的立技——腰技篇

第一节 立技：腰技：大腰

大腰（O-Goshi）Hip roll

大腰是通过提、拉、推来向对方前方或左右方向破坏其重心并控制住对方的后腰，同时施技方转体送髋，以施技方腰臀部为支点将对方从后向前摔倒。

基本技术：

①以自然体相对站立，施技方以后手钓入，左手抓握住对方的右侧衣袖，抬起肘部，双手用力将对方向正前上方提拉，使对手脚跟离地，重心前移。

②施技方右脚上步至对方的右脚前，同时左脚背步落在对方的左脚前，与自己的右脚在一条直线上，两脚呈八字形平行站立。两膝弯曲，臀腰部下落重心降低，这样能够蓄势待发，使下一步动作具有爆发力。施技方右手臂从对方左腋下插入，将对方拦腰抱住，转体的同时，将对方拉向自己的腰臀部。

③施技方把对方的身体紧紧地控制在自己的腰臀部并以此为支点，同时用弹劲猛然蹬直双膝，把对方支顶起来，前倾并扭转身体，双手旋拧圆弧形发力向前方将对方摔出去。

中国式摔跤称此动作为"长腰变脸"，头颈对于人体整身协调动作至关重要，这种配合呼吸的"变脸转头"动作可使得整个动作协调放松，转头动作可使身体发力侧肌肉收紧而对侧的肌肉适当地放松，这种协调不仅可使这个动作协调放松，也会为运动员节省体力。

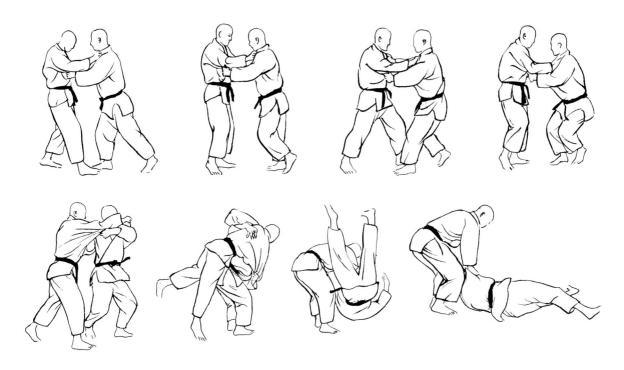

大腰技术图

第二节　立技：腰技：钓入腰

钓入腰(Tsuri-Komi-Goshi)　Lifting-pull Hip Throw

施技方将对方向前方或斜前方提拉使其失去平衡，然后上步背步转身半蹲，把对方控制在腰臀部并以之为支点而将对方向前摔出。钓入腰这个技术就是运用了杠杆原理。 把一根棒或杆支在一个支点上，一根杠杆就形成了。如果你用力推拉杠杆的一端，杠杆就会绕着支点旋转，从而对另外一端产生力的作用。你所使用的力称为施力，而在杠杆另一点升高的重物或克服的抵抗力统称为负载。支点所放的位置与你所施加力的大小同样重要。施力点离支点远一点儿，较小的施力则需要移动很远的距离。你可以省一些力，但必须移动更远的距离。对于杠杆来说，施力和负载移动的距离取决于它们离支点的距离。杠杆的原理就是：施力乘以它与支点之间的距离等于负载乘以它与支点之间的距离。这就是为什么我们能够用一根铁棍撬起一块巨石。钓入腰、大腰、背负投等技术都是运用杠杆原理来将对手摔倒。

施技方在使用钓入腰技术时，右手抓握对方的左前衣襟，肘部弯曲下沉，同时向上提举（钓起），左手抬肘后引拉伸膝摔倒对方。

钓入腰与大腰的技术大致相同，但右手的用法略有不同。在针对钓入腰的徒手和力量练习中，我们要着重两手钓入动作和拉力的练习。这种练习要有适当的密度、强度才能奏效。柔道其他专项技术训练也是如此，正所谓"拳打千遍，其理自现"。

钓入腰技术图

基本技术：

①自然本体右组合站立，施技方左手拉紧对方的右衣袖，并把肘部抬平。右手握紧对方的左直门，手腕外翻向上用力提拉钓起。

②施技方重心下降上右步至对方的右脚尖前内侧。此时重心下降应适度，过高或过低均不利于下一步施技。

③施技方两手更加用力，同时左腿背步，脚至对方的左脚前内侧，猛然转体，身体和对方同一个方向。用力使其腹部和自己后腰部靠紧。

④把对方的重心控制在自己后腰部，运用爆发的弹劲蹬直双膝把对方拔起，收腹前屈，同时配合双手动作，向左猛然扭转身躯将对方摔倒。如果右手抓握对方的中袖或袖口部位使用这个技术，则称之为"袖钓入腰"，其他要领与钓入腰相同。提举的手臂需尽量伸直打开。

钓入腰的防御方法是，当对方向施技方使用右钓入腰时，可迅速落腰将重心落至左腿之上，迫使对方将体重移至左脚。施技方将自己的身体向右开，这样便阻断了对方的拉扯之力，使其无法成功施技。

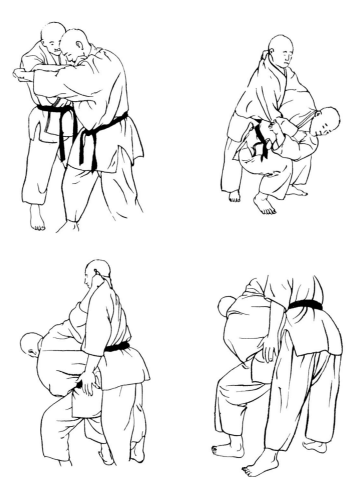

钓入腰技术正面和背面图

第三节 立技：腰技：钓腰

钓腰 (Tsuri-Goshi)

钓腰，当施技者使对方身体重心向右前方倾斜时，施技方利用倒插步，进胯背，左手抓住后腰带，上体前屈，左手上提的力量，把对方向左前方摔下去的技术。

基本技术：双方均以自然体相对站立。施技方侧插左脚进胯，使对方和自己身体靠紧。左手抓对方后腰带用力上提，右手拉紧。左手用力向上提起后带和自己左脚倒插步要同时进行，动作要迅速，使对方身体重心升高，而自己的臀部要紧贴在对方大腿上部，左手用力抓紧，防止对方向左移动逃脱。最后，右手拉紧，利用上体前屈，两腿伸直和右手下拉的力量，把对方背起向左前方摔下。向下摔时，把左手松开，配合右手下拉。

钓腰技术图

第四节 立技：腰技：浮腰

浮腰 (Uki-Goshi) Rising Hip Throw
浮腰的基本技术：
①（以"形"的方式配合演练）对方向施技方挥拳打来。
②施技方利用这个机会，向对方体前以左脚和右脚顺序步行迈进，将身体位移至对方体前，躲过挥来的拳头。施技方移至对方前面的左脚，落地时要脚尖

内扣。躲过拳头的同时，右手抓住其左外中袖，将左肩下落，身体稍蹲。
③把左手通过对方的右肋下扶握其后腰带处，把对方拉向自己的左腰部。使双方身体贴紧，对方身体前倾。（如图）
④身体向左扭转，一气呵成，将对方摔倒。

浮腰技术局部图

浮腰形的技术演练图

第五节　立技：腰技：后腰

后腰（Ushiro-Goshi），是对付对方使用腰技时的一个防守后进攻技术。是用自己的小腹和胯部向前顶，两手把对方抱起下摔的技术。

基本技术：①双方均以右自然体相对站立。施技方用左手抓住对方的右中袖，右手抓住对方的左前领。②当对方上步进胯，使用腰技的瞬间，要迅速把自己的左脚向左方移动，左膝顶住对方左腿膝窝，身体重心转移到左脚上，右脚稍稍抬起，腰部下沉，此时不要低头。这样，就能防止对方使用其技术。③对方由于进攻受阻，企图调整身体姿势，趁对方改变进攻动作的时机，迅速将对方抱紧，利用两腿蹬伸和腹胯上顶的力量，将对方抱起向正前方摔下。

后腰技术图

从后面的后腰技术示范图

第六节 立技：腰技：扫腰

扫腰 (Harai-Goshi) Hip Sweep

扫腰的技术不是腿技，是利用大腿如同钟摆一样扫摆来增加投摔的力量。把对方向右（左）前方提拉，使其重心前倾，施技方转体，以右臀部抵住对手的腹部，用右腿向后猛扫对手的右腿前部，使对方形成前滚翻受身倒地。

基本技术：

①以右自然体相对而立，施技方右手抓住对方的右直门襟或上衣领，左手抓握其左中袖，右脚向对方右脚前上步，左手向后拉紧，右手前钓，破坏其重心，使其重心前移。

②施技方左脚背步至对方的左脚前，以两脚掌为轴转体，使自己的后腰部与对方的下腹部靠紧，两手用力使对方的身体浮动前移。

③以左脚支撑体重（支撑腿要稍稍屈曲，以便在扫腿时有弹力，在扫的同时要挺直支撑腿）。施技方始终保持身体重心的平稳，腰部不可过于下落以免影响扫腿动作力量的发挥，把右腿如钟摆摆动起来，向前方，随后向后猛扫对方的右腿，扫的力点要在对方踝关节稍向上位置。此时左手要向斜下方用力猛拉。施技方在猛扫的同时，要向左转腰甩脸。即中国跤中"长腰变脸"的发力动作。

对方在施技方的两手及腿的力的作用下，向前方旋转倒下，形成右前滚翻受身。

防御方法：当对方向我方施加右扫腰（内股、跳腰、钓入腰）时，要迅速落腰，一边将对方的身体向其左后方推压的同时，一边向对方的左腿外侧踢绊。

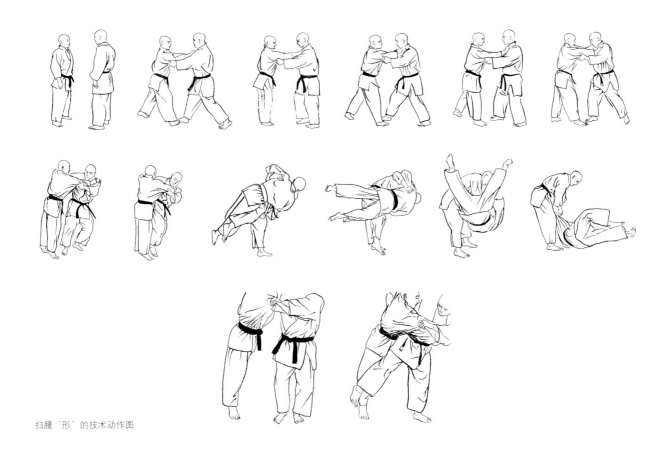

扫腰"形"的技术动作图

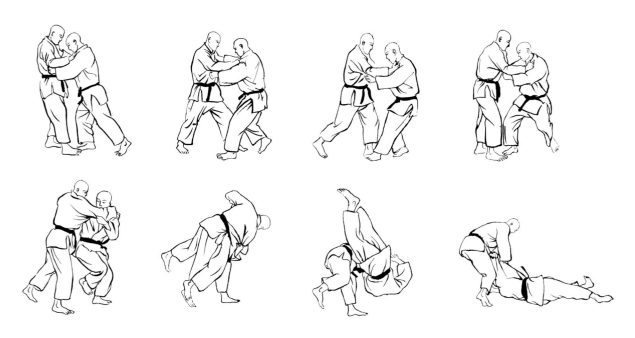

行进中的扫腰技术动作图

扫腰的反攻技术图

第七节 立技：腰技：跳腰

跳腰（Hane-Goshi）Hip Spring

把对方向正前方或右（左）前方猛然拉向自己的体侧，转体与对方体前，左脚跳进，右膝稍屈，整条右（左）腿将对方的右（左）腿向后扫并摔倒。与内股不同跳腰是使对手两脚靠拢失去平衡时施技。

基本练习：

①自然本体向右相对而立，施技方把左脚向后退去。将右脚向前迈出，把身体向左移转成右半身面向对方。右手钓入，左手上拉，使对方将体重移至两脚尖。身体向前倾。

②施技方右脚踏入对方两脚前方，左脚移至自己的右脚跟处，将脚尖向外，把身体由左转至面朝后方，转体要充分。

③左腿略屈支持身体，右腿弯曲，以小腿外侧抵住对方的右小腿前内侧，右手钓入，左手肘部抬平后拉，把身体与对方前身贴紧。

④左腿蹬直，用腰部和右腿爆发力及向左转体的力量将对方前回转摔倒，使对方呈右前滚翻受身。

对跳腰的防御：

断开对方的拉力防守。

对方对施技方施加右跳腰的时候，要迅速落腰降低重心，要以自己的左前腰和对方的右后腰相抵并撞击之。配合沉稳协调的步子，把身体向右转移，以此，把对方用手拉扯自己之力断开。当对方对施技方施加内股等技术时，也可以采取上述方法，控制其拉力。

从后边搂抱对方的腰部的防守

对方对施技方施加右跳腰时，施技方要迅速落下腰去，用左臂从后边回环抱住对方的左横腰，把身体向右移转，以切断对方的拉扯之力，阻止其施技。

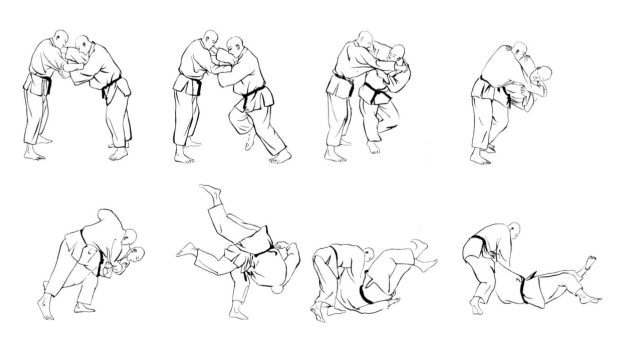

跳腰技术图

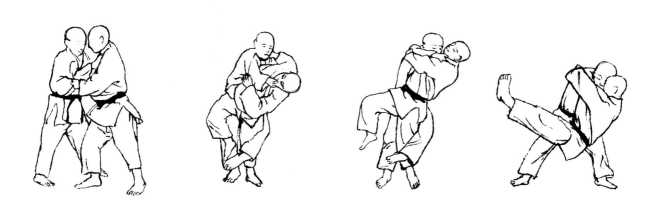

跳腰的反攻方法一：当对方从右侧施跳腰技术时，用左腿钩住对方左腿，同时，用力向左侧压制对方上体，使对方摔倒。

跳腰的反攻方法二：也可以把对方提抱起来，同时用右脚钩住对方左腿，将其绊倒在地。

第八节 立技：腰技：腰车

腰车（Koshi-Guruma）Hip Whirl

是用右臂把对方的头部搂住，横腰进身和对方身体呈十字形，把对方摔下去的技术。

基本技术：双方均以右自然体站立交手。施技方用左手抓住对方的右中袖外侧，用右手抓住对方的左里领。左手用力拉，使对方身体向右前方倾斜，这时，上体移近对方，并把右手松开，抓对方后领的下部。同时右脚向对方的右脚前上步，右臂前伸屈肘搂紧对方的头部，左脚背步进胯，施技方腰贴紧对方的腰部，向右拧转，和对方身体形成十字形。同时体前屈和两腿蹬伸，两力合一将对方向右前方摔倒。

腰车技术局部图

第九节　立技：腰技：移腰

移腰 （Utsuri-Goshi） Hip Shift

移腰是从对方背后抱腰起移到自己腰背后将对方摔倒的一种技术。

基本技术：当对方企图施大腰技时，施技方松左手把抱住对方腰部；降低自己身体重心；用小腹猛然顶撞对方臀部乘势向上抱起对方；呈抱起之势将对方转移到腰背上；以腰背为支点，低头将对方从左侧摔下。

移腰技术图

第七章 柔道投技中的立技——足技篇

第一节 立技：足技：出足扫

出足扫(Deashi Barai) Forward Foot Sweep

在对方将要踏出右（左）脚，其重心转移尚未完成稳定之际，或刚刚要离开垫子的瞬间，用左（右）脚的里侧猛扫其右（左）脚跟的侧后方，将其摔倒的技术。

出足扫的防御是当对方向施技方施以出足扫（送足扫）时，用左脚支撑体重，轻轻抬起右腿而摆脱。

初学者可做徒手出足扫的练习：

由自然体位站立，右脚后撤，身体左闪开。用右脚支撑身体，用左脚掌去横扫。左手向扫的方向下摆。然后按上述方法反方向练习。

基本技术：

①右自然体相互对立，施技方左脚尖朝前，位于对方右脚前，身体在右斜方向站立。

②施技方左手前拉，迫使对方将右脚向前迈出一步。右手将对方向右后斜方按压。

③施技方以右脚为轴支撑身体获得稳定的体位，用左脚掌部猛扫对方的左脚踝处。左脚扫出时，脚掌内翻，力达小脚指，擦着垫子，朝着对方刚刚迈出的右脚踝关节处猛力扫去。进攻动作需要灵活迅猛。

④施技方继续扫送对方脚踝，左手用力下拉，右手继续用力按压，三力合一，将对方仰面扫起。使对方摔成左横受身倒地。

对方迈出右脚的情况下：

①施技方后撤右脚，使对方自然地迈出左脚。

②当对方右脚跟上时，施技方将右脚移至自己的左脚附近，并将身体向右展开以便支撑身体。

③右手尽量不要去拧动对方，主要是利用左手拉动之力迫使对方右脚向前迈出，当对方的脚将要接触垫子的瞬间，猛扫对方的右脚踝处。

在实战中是对方向前迈步并施以出足扫。

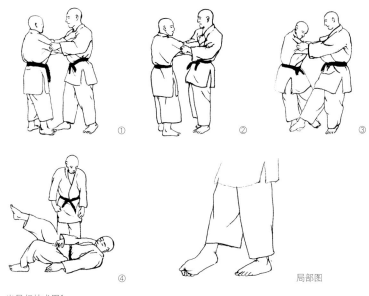

①　②　③

④　局部图

出足扫技术图1

① ② ③

出足扫技术图2

出足扫技术图3

出足扫的反攻
当对方企图从施技方右侧使出足扫时，施技方把重心放在左腿上，抬右脚躲过对方进攻并迅速伸出已经弯曲的右腿，扫绊对方的进攻脚。

第二节 立技：足技：大车

大车（O-Guruma）Big Whirl

大车，是以左脚支撑身体重心，用右腿别住对方左膝部。将对方向右摔下去的技术。

基本技术：①双方均以右自然体相对站立。施技方用左手抓住对方的右袖腋下附近，用右手抓住对方的左直门襟。使对方身体重心向左前方倾斜。②右脚上步伸向对方右腿膝盖处的同时，转体进胯，左手猛拉，使对方身体重心向其左前方倾斜。③施技方右肘上顶（当对方抓住自己左里领时，为了破坏对手重心使对方左臂不能用力，左肘要用力上抬），左手拉紧。以左脚支撑，将右脚自然放松，向右后伸但不可上挑，别住对方右踝关节上部，施技方以右脚为轴，"长腰变脸"转体，双手如打方向盘一样将对方像车轮一样旋转摔下。

大车技术图

第三节　立技：足技：大内刈

大内刈(O-Uchi-Gari) Big Inside Clip

所谓大内刈，就是施技方将对方向正后方或者右（左）后方施力，同时将其支持体重的左（右）腿，以自己的右（左）脚从内侧盘勾，而使对方仰面后倒的技术。

基本技术：

①以自然体实战姿势相对站立。施技方将左脚后撤，把右脚伸入对方的两脚之间，右手握紧对方靠近其肩口处的左直门襟，左手握紧其右衣袖，右推左拉迫使对方将身体重心移至后脚跟。

②施技方将左脚迈至右脚跟处，用左腿支持体重，把右腿插进对方的两腿之间，右脚足尖轻轻擦过垫子像画圈似的向对方的两脚之间伸进，以两手旋拧推拉，迫使其体重更加后移。

③右手加强推压之力，双手配合，同时右脚向后猛力盘勾对方左腿，此时施技方支持体重的左脚脚尖朝前，盘勾的同时协调扭转腰身使身体转向正前方加强动作的力度，对方的左腿被钩起，而向正后受身倒地。施技方右脚盘勾对方的位置不可过高或过低以防止对方逃脱。

大内刈技术图

对于大内刈的抽腿防守：

当对方对施技方施加右大内刈（左小内刈）时，将右脚后退一大步并支撑身体，将左腿轻轻抬起（以大腿带动小腿，小腿要放松）以摆脱攻击。

由大内刈进入袈裟固的技术图

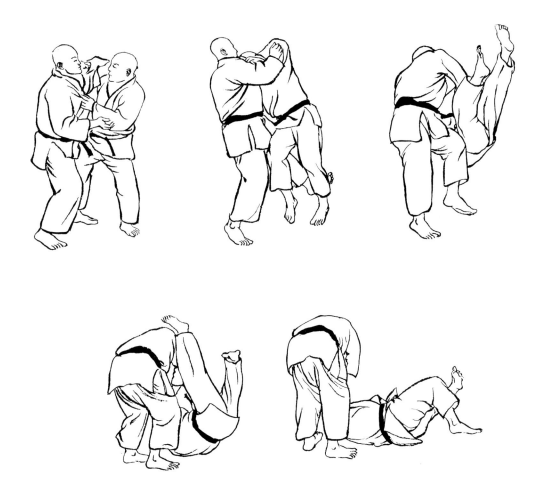

大内返——对于对手大内刈的反攻

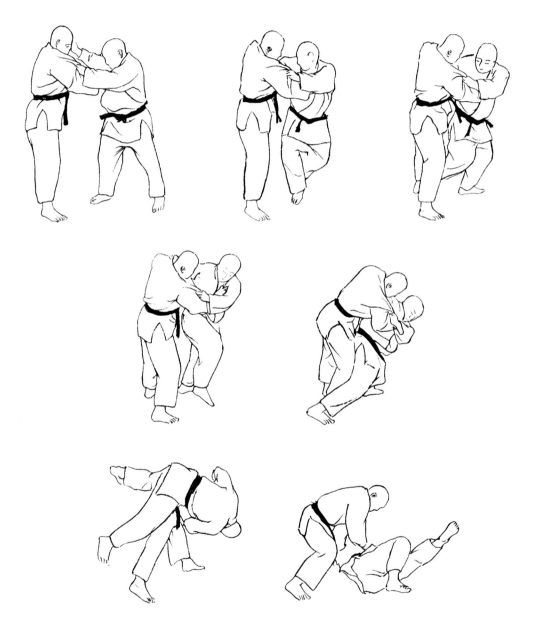

大内刈向体落的转移技术

大内刈向小内刈的转移技术

大内刈向双手背负投的转移技术

第四节 立技：足技：大外车

大外车（O-Soto-Gurume）Big Outside Whirl

大外车，是用右腿伸向对方两腿的后面，用钩挂的力量把对方摔倒的技术。

基本技术：双方均以右自然体站立交手。施技方用左手抓住对方的右袖侧下方，用右手抓住对方的左侧领。两手用力抓牢，并使其重心向右偏移，左脚向对方的右脚外侧上一大步。右脚的动作和大外刈一样，但由于拉力不足，对方的重心移至左腿企图逃避。此时，利用对方身体重心移至左腿的时机。身体迅速右移紧靠对方，右腿伸直向对方的左腿伸进，挂住左小腿。以左脚支撑，身体前倾，两手用力前推，使对方向正后方倒下。摔时，不能把对方的头向垫子上冲撞，以防止其受伤，倒地时，两手拉住对方右臂。

练习要点：两手拉紧，使对方的头和自己的头靠近。对方逃避大外刈进攻时，要迅速将身体右移，以利于右腿伸直到对方左小腿后方。

大外车

第五节 立技：足技：大外刈

大外刈 (O-Soto-Gari) Big Outside Clip

所谓大外刈，是当对手前进或后退时，将对手拉向进攻者使其失去平衡，同时上步胸部与对手的胸部相抵，向斜后方用力扫击对手的支撑腿使其向后方摔倒。大外刈经常在比赛中使用，是一种能够让体形小的人摔倒体形大的人的技术。

基本技术：

①双方以左自然体相对，施技方以右手抓握对方的左衣袖，左手抓握对方右门襟，施技方左手向前推，右手向自己肋下猛拉。与此同时，将右脚进入到对方的左脚外侧，腰部下沉、重心前移。防止对方将重心移到左腿，并将这条腿挺直发力反击施技方的大外刈。

②施技方以右脚富有弹性的支持体重，落在对方的左腿外侧，脚尖里扣，并把左脚大力摆向前上方。

③将左脚面绷紧，脚尖朝下，将左腿猛然向对方的右膝后方扫去。

④施技方用冲击的力量将左腿对准对方的左腿向自己的后方扫起，同时右手猛向后拉，左手更强有力地将力量加在对方的颈部右侧，这一拉一推，加上扫腿的力量，对方被猛力地扫起来。两手要拉、推，与扫腿的动作需密切配合，形成力偶力。使对方被摔倒，形成后受身。

大外刈和力偶：

大小相等，方向相反，两点平行之力同时作用一个物体时，这一组的作用力，在物理学上称之为"力偶"。由于"力偶"的作用，便可引起物体的旋转运动。

打轮拧动方向盘就是应用这一原理。

在大外刈，两手推拉之力，右腿勾盘起之力，就发生"力偶"左右。而强制对方向后方倒去。在这时，推压力与勾盘之力如不同时发生，则技术不可能成功。

大外刈是靠"力偶"的原理，靠回旋作用而起的效果。所以对方受到力偶强大的力的作用而倒下，如果不靠"力偶"的作用而用蛮劲、把对手推倒就称不上"大外刈"，也算不得"武道技术"。

大内刈、小内刈等技术，都是利用了"力偶"的原理。

对于大外刈的防守，可在对方施加右大外刈时，施技方迅速将右腿大幅度向后退去，将体重落在右脚，从后边搂住其腰部。施技方或者把左脚后退一大步，把右腿高高抬起，身体前倾，来摆脱对方的进攻。

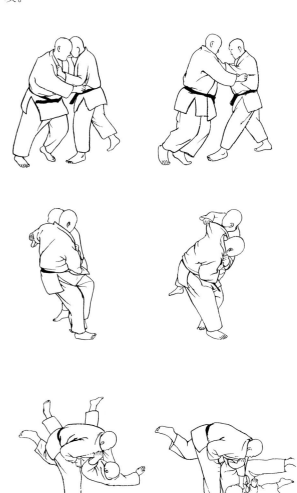

大外刈技术图

由大外刈至里投的技术转换（当对方施大外刈技时，施技者迅速下蹲，左手从对方后腰环过去，抱住对方的同时低身抱腰，施里投技把对方摔出去）

大外刈的反攻技术

1.当对方上步要施大外刈技术时

2.施技方要在对方做出动作失去平衡之前，抢先做出大外刈技术。

第六节　立技：足技：内股

内股（Uchimata）Inner-thigh Reaping Throw

将对方向其正前方提拉的同时，施技方向后转体，把右（左）脚向对方的两脚之间踏入。以左脚支撑身体，向后撩起右腿，从内侧将对方挑起摔倒的技术。

在绳的一端拴一重物，抓住其另一端而抡起时，重物会旋转做圆周运动，要想造成这种圆周运动，必须有指向圆心并且与物体运动方向垂直的力，这个力被称为向心力。与这个向心力相反的力则被称之为离心力。

内股就是以自己为圆心，类似将对方抡起，使对方呈圆周运动。此时向心力、离心力发生作用。对方的两脚便会浮动并悬而向上，体重被移到其两个脚上。这时，从对方的两脚内侧，顺应圆周运动的作用方向挑撩摔投，就会以对方腿部为中心使其旋转而倒

下。这样不仅施技容易，而且摔投的力量大，有四两拨千斤的效果。

中国跤中经常说"拉起来摔"，柔道施投技时拉动对方大都是这个向心力与离心力的原理在发挥作用。这样使得对方浮动起来失去平衡而为施技方的进攻创作最佳的时机。

基本技术：

①施技方与对方实战姿势相对站立。

②施技方右脚后撤步，落至两腿之间的中间部位。左脚上步至对方的两脚前方，左手钓入，右手前拉，使对方身体向前前屈方倾斜，对方两脚浮动，重心向前方倾斜。

③施技方把右脚上至自己的左脚跟附近，迅速转体"变脸"向后方，两手加力。以右脚支撑身体，施技方踏入的右脚与对方的右脚朝着同一方向，左脚向

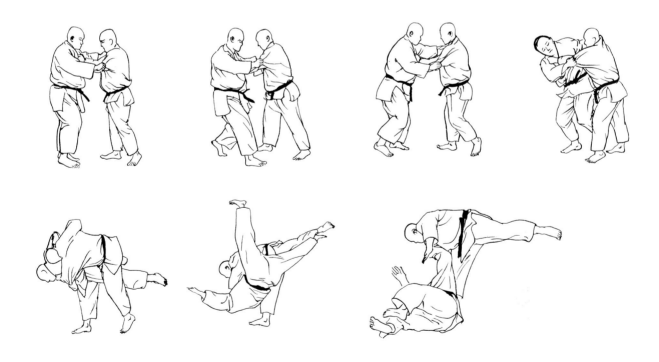

内股技术图

对方两腿之间深深撩进，以左腿后部抵住对方的左腿内侧，用力将对方拉紧，从施技方的左胸部到左臀部必须和对方的上体前部贴紧密合，这样能够充分利用支持身体的左足发力而产生效果，要和对方的右足内侧靠近。

④猛然向后上方撩起。右腿迅速蹬直发力，将对方挑起来。

⑤对方身体腾空，在空中翻转倒地。如果身体向左扭转而摔的话，对方将以左脚为轴而倒下，形成左前回转受身。

对方将左脚迈出的情况下：

①以左自然体相对而立，施技方按左脚、右脚的顺序控制对方后退。当施技方将左手力量放松时，对

方打算将右脚向前迈出。

②施技方一面将右脚稍稍向左脚踵外迈进，一面将身体向左拉开。与此同时，右手向自己右后方拉去，对方将左脚大幅度迈出。

当其右脚落至垫子，体重转移到右脚的瞬间，施技方以右脚支撑身体，以左腿猛撩摔倒对方。当对方即将把体重移到右脚时，施技方需迅速施技，如果过早，对方就有机会转换体势进行防御。太迟的话，对方体重已落至右脚便很难摔倒对方。

内股的防御方法：当对方对施技方施加内股的时候，施技方可移动上体，以双手顶住，腰部前突，两腿将对方撩起的右腿紧紧夹住进行防守。

掬投对于内股的反击图

内股的防御技术
当对方施内股时，施技方左腿钩住对方，同时将对方的身体向后方推压，把对方摔倒在地。

内股的反攻
当对方从右侧施内股技时，施技方快速避开对方撩起的右腿，顺势向对方的上体施压力，使对方摔倒在地。

第七节　立技：足技：扫钓入足

扫钓入足(Harai-Tsuri-Komi-Ashi) Pulling-lift Leg Sweep

施技方把对方向右（左）前角钓入，使其身体倾斜，然后用左（右）脚猛扫支持受方体重的右（左）脚，将其扫倒的技术。

基本技术：

①以自然本体向右相对而立。施技方右手钓入，左手向后上方提拉。在对方右脚前掌承受体重之时，两手更加用力，使对手身体向右前方倾斜。

②施技方把右脚向对方左脚尖前迈出的同时，进一步使对方身体向前移动。

③施技方以右脚支撑身体，微收胸腹，体稍后倾，左脚向对方的右脚踝关节前端扫去。

④此时，施技方挺胸展腹，两手发力，同时以右腿掌为轴，身体突然向左转动。

对方大幅度旋转倒下，形成右前滚受身。（如图）

扫钓入足

第八节　立技：足技：送足扫

送足扫(OKuri-Ashi-Barai)　Assisting Foot Sweep

使对方横向移动，在其移动方向的方向上，当对方将其体重移动至踏出的脚或将体重移开其抬起的脚时，用我们的脚去扫击对方相应的移动的脚来使对方失重的技术。送足扫如同高尔夫球杆般地拂过地面，以最大的旋转力道扫击对方踏出的脚。

基本技术：

①以自然本体向右相对站立，在对方将左脚向横向迈出一步时，施技方利用对方动势惯性，左手按压使其迈出左腿。同时，施技方协调地随之迈动右脚。

②当对方正要继续迈动右脚时，施技方以右手向上稍稍抬起，而左手则向下按压。这样使对方的身体开始浮动。

③当对方的右脚移近左脚，两脚即将并拢且要接触垫子的刹那，施技方将伸开左腿，左脚掌置于对方的右脚外侧，此时切忌弯腰，而应将腰部向前推送用力，并和对方移动脚步的节奏配合协调相随，左脚将脚掌勾曲掌心向内，力达小脚指尖，像捞起东西一样将对方向上猛扫起来。配合协调的腰部发力，能更强而有力地将对方扫倒。

施技方左手向斜下方下拉画弧推压对方的右肘，右手助力上浮，对方两足被扫而横受身倒下。运动中的摩擦力与最大摩擦力相比较，是微乎其微的摩擦力。在对方呈静止状态时，当然使用扫技的困难较大。所以关键的问题是，必须促使对方移动身体。使其脚与地面的摩擦力减弱，方能巧妙地运用扫技。

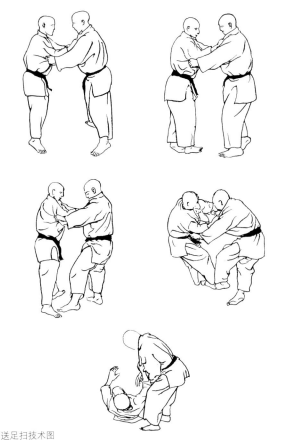

送足扫技术图

送足扫局部技术图

第九节　立技：足技：膝车

膝车(Hiza-Guruma) Knee whirl

施技方将右（左）脚支撑重心，伸直腰部，伸长左（右）腿，将左（右）脚掌里侧支在对手的右（左）膝盖处，以此作为支点，限制其重心前移。通过拉、拧、转的合力，形成力偶之力，将对方摔倒的投技。

基本技术如下：

一种情况是当对方的右（左）脚已经迈出，施技方后退的同时，把对方向前拉动。利用这一时机，把施技方的身体向左（右）侧大幅度展开，拉手、支顶、左展要三力合一将对方摔倒。此时支撑腿不可弯曲。

另一种情况是把对方轻轻拉动，在其将要迈出右脚起动之时机，及时用左脚掌内侧支柱其右膝盖并将其摔倒（在这里时机尤为重要，不可过早或过晚）。当对方即将迈出右脚的瞬间，施技方右脚向斜前方上步，以右脚为中心轴，把身体向左侧展开，同时左腿伸出，用左脚里侧支住对方的右膝盖处，两手用力如同打方向盘一样地拉旋，配合呼吸身体猛然回转（拉、拧、转三力合一，一气呵成）将对方摔倒。上步时，不可过分地接近对方的两脚，脚尖不可朝前，落地时脚尖尽量内扣。否则，身体重心欠稳，亦不能灵活地扭转身躯。

第一种　　①　　②　　③

第二种　　①　　②　　③

膝车技术图

第十节　立技：足技：小外挂

小外挂　(Ko-Soto-Gake) Small Outside Hook

小外挂，是使对方身体僵直向其后方失重，并将其身体向上拔吊，然后使用左（右）足来把对方支撑体重的那只脚由后面予以割倒的一种摔法技术。

基本技术：

①以右自然体相对站立。

②施技方以右足前体姿势将右足深入对方的左足外侧，并移退右足而身体朝向右侧，左手则予以吊起，右手往下拉引，然后使对方体重移至左足跟。

③施技方把左足靠近于右足跟，用以支撑身体，然后将右足底贴置于对方的左足跟。

④左手推压对方身体，右手则用力往下拉引，然后朝向对方的左足尖方向予以勾扫。

⑤对方以仰卧姿势横倒于施技方足跟正下方。

小外挂技术图

第十一节　立技：足技：小外刈

小外刈(Ko-Soto-Gari) *Small Outside Clip*

将支持对方体重的右（左）脚用左（右）脚从其后方扫起而摔倒的技术。小外刈和出足扫虽然同属于同一种技术，但有区别。小外刈是对方迈出的右脚上负担体重，重心向后移动时扫摔对方。出足扫则是在刚刚迈出的右脚转移体重的瞬间扫之。

基本技术：

①以右自然体相对而立，施技方将左脚踏入对方右脚内侧，拉回右脚身体向右开去，右手上钓左手下拉，使对方体重落于右脚踵上而向右后倾倒。

②施技方把左脚移至对方的左脚踵附近以支撑身体，摆右腿以右脚掌部抵住对方的左脚踵。对方的两脚和施技方的脚大致在一条线上。由于两手的作用而使对方浮动重心，这和身体的动作要同时协调进行。此时要将腰挺直，身体前冲。

③右手弧形按（推）压，左手下拉，把对方的左腿向其脚指方向勾扫去。

④对方直接倒在施技方脚下，成为左横受身。（见图）

小外刈技术图

第十二节　立技：足技：小内刈

小内刈(Ko-Uchi-Gari)　Small Inside Clip

是以左（右）脚支撑体重，以右（左）脚的里侧去勾盘对方支撑体重的右（左）脚脚跟部位，使其向后或右后方摔倒的技术。

基本技术：

①以右自然体相对而立，施技方推动对方后退并趁势将右脚迈至对方两脚前方。左脚跟上半步，形成斜半身侧立。

②左手下拉，右手向前推按，致使对方的体重移至两个脚跟，身体微后倒。

③施技方左脚落于右脚跟附近，并支撑体重。要将腰部和右（左）腿伸展，将右脚掌内扣，从内侧如镰刀般盘割向对方的右脚跟处，同时两手更加用力，使对方右后方倾倒。

此时，对方向后方仰面倒去，形成后受身（如图）。

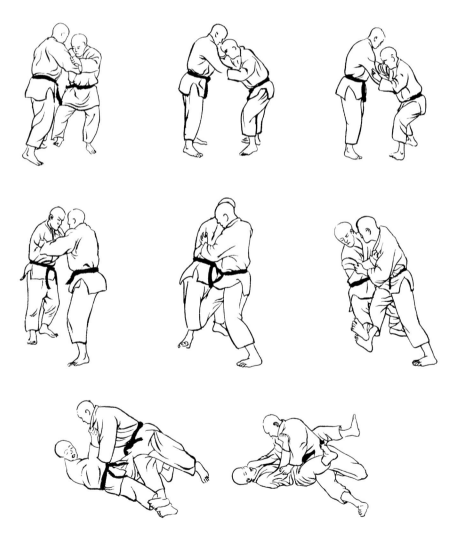

小内刈

1.当对手用右脚使出小内刈的，轻快地移动我方右腿，同时把对方向我方左侧方拽倒。

2.或者，用力把对方向我方右侧拽倒。

小内刈的防御技术

第十三节　立技：足技：支钓入足

支钓入足(Sasae-Tsurikomi-Ashi) Supporting Foot lifting-pull Throw

支钓入足是施技方将对方向其右（左）前方拉动破坏其平衡，然后再出足抵住对方的右（左）足踝，以此为支点并进步的同时向其前方打方向盘一样地旋转将对方摔倒。

运动中的物体如无外力影响则保持惯性运动，静止的物体，如无外力推动，则一直保持静止状态，这种运动特性叫作惯性。物体的质量越大惯性越大。在跑步时如果脚下遇到阻绊就会摔倒，向前跑的速度越快摔得越狠。支钓入足就是利用这个惯性的原理。

施技方利用对方迈出右脚前进的惯性，用左脚拦住对方的脚踝处构成障碍，形成拉手旋拧和拦脚的力偶关系，使对方前进的速度越大，摔得越猛。拉拧对方方向和其前进的方向相同，因而两股力量形成合力，加大了对方倒下去的速度。

膝车、体落等也都是利用了这个原理的技术。

基本技术：

①自然体相对抓握站立。

②施技方右脚上步，身体左展，同时右手钓入，左手后拉，迫使对方体重前移，右脚前迈同时，施技方迅速出左腿。

③施技方以右腿支撑体重（大部分体重在前脚掌），以左脚掌支顶在对方的右脚踝处，形成支点。

④施技方钓入之右手的方向与左手引拉方向相同，同时双手用力旋拧，并猛然向左扭转身躯。

⑤在对方失去重心的一刹那，抖腕向施技方的左前方摔去。

技术要领：

①支钓入足与膝车属同一系统的"技术"。所差者只是支顶的部位不同。支钓入足所支的是脚腕部位，而膝车则是支撑膝盖。

②施技方上右脚时，足尖里扣，并以前脚掌支持自己的体重。脚尖的方向如果直向前方，或者以全脚掌着地，则身体转动势必受到影响，左脚内侧必须支顶住对方脚腕子的前一侧。

③施技方右手钓入，左手摇抬起肘部而用力后拉，用扩胸挺腰的劲力将对方向其右前方摔出。

④腰、腿伸展而不可弯曲，两手大力旋拧无须向下用力。

实战中的情况：

1.对方迈出右脚

①以右自然体相对而站，施技方以左脚、右脚交替后退，并将对方拉引向前移动。

②在对方移动右脚的一瞬间，施技方把右脚尖迅速里扣，左脚内侧快速支顶对方迈出脚的脚踝处，使其重心前倾，双手引拉旋拧，同时向左猛然扭转身体将对方向其右前方摔倒。

2.对方将要迈出右脚

①右自然体相对而站立，施技方右、左脚交替迈步向前，并推动对方以左、右脚的顺序后退。施技方把推力减弱，并引诱对方反推自己，以恢复其平衡防守状态。

②施技方在对方即将抬起右脚迈动的时机，迅速将右脚向斜前方上步，脚尖里扣。

右脚支撑身体，用左脚内侧迅速支顶住对方的右脚踝，以双手拉拧，把对方向其右角拉起，并大幅度向左转扭身体，三力合一，把对方摔出。

支钓入足技术图

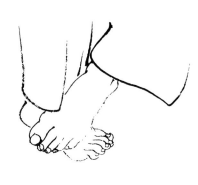

支钓入足局部技术图

支钓入足到崩上四方固的连络技术

第十四节 立技：足技：足车

足车（Ashi-Guruma）Leg whirl

足车，是把右脚从对方的胫骨前伸向对方右膝外侧，用两手拉配合腰扭转的力量，把对方向左前方摔倒的技术。

基本技术：双方以右自然体相对站立。施技方用左手抓住对方的右中袖，用右手抓住对方的左前领。上左步迫使对方右脚后退，右脚迅速向对方右脚内侧上步，左脚立即向自己的右脚跟附近跟进一步。身体左转，并将左脚尖向外拧转。右腿提起别住对方膝下胫骨部位，右脚别住对方右脚时要贴紧，施技方右脚上步时，不可进胯。以左腿支撑身体，上体不能过多向左倾斜，以保持身体稳定。两手用力拧转，使对方像车轮一样，向其右前方旋转倒下。

足车技术图

足车前面和后面技术图

第八章 柔道投技中的舍身技——横舍身技与真舍身篇

第一节 舍身技：横舍身技：浮技

浮技(Uki Waza) Floating Throw
基本技术：
①双方互相以自护体相对而立。
②施技方将右脚大步后退，引对方将左脚向前迈出。
③施技方趁对方企图恢复原来姿势之时立刻做出反应，两手充分用力使对方身体浮动。对方为了保持身体稳定而将右脚向右斜前方迈进。

④开始时施技方把右脚退去，将对方身体向左前方倾斜。利用对方要保持平衡而站起反抗的反作用力再将其向右前方倾斜而进入浮技。即施技方猛力把对方向右前方拉动，同时，把左脚伸直向左斜前方弧形跨进，如左横车般舍身倒下。
⑤把对方向自己的左肩方向投去，对方则右前滚翻成为受身。

浮技技术图

第二节 舍身技：横舍身技：谷落

谷落 (Tani Otoshi) Valley Drop

谷落，是当对方身体重心向右侧倾斜时，把左脚尖插到对方的右脚跟处，将身体向侧倒，将对方摔倒的技术。

基本技术：双方均以右自然体相对站立。施技方用右手抓住对方的右中袖下方，用左手抓住对方的左前领。左脚前进一大步，使对方退回右脚，两手用力拉，迫使对方将退回的右脚再向前上步。这时，左脚向对方的右脚外侧上步，并使左脚尽量靠近对方的后脚后跟。左臂屈时用力向下拉，用右手把对方的左肩向上推，使对方身体重心向右肩方向倾斜。施技方以右脚作为支撑脚，左脚向前伸，挂住对方的右脚跟，利用两手向侧推拉和身体侧倒的力量，将对方摔倒。

谷落技术图

内股到谷落到横四方固以连络技术图

当对方以内股进攻，施技方可以谷落反攻并进入横四方固

第三节　舍身技：横舍身技：横车

横车（Yoko-Guruma） Side whirl

横车，施技方利用对方向自己进攻的时机，迅速抱住对方腰部，侧倒将对方向前方摔去的技术。

基本技术：（以"形"的方式演练）双方均以右自然体相对站立。当对方上步挥右拳准备进攻时，施技方迅速上步，抱住对方的腰部，同时，用左膝盖顶着对方的右膝，身体重心下沉，躲避开对方进攻。

对方则采用屈膝，使身体重心降低的方法来防守。这时，施技方按右脚、左脚顺序，依次向对方的右侧方向移动半步。右手抓住对方的衣领，右腿从对方体前伸向两腿中间，施技方的右脚要深深滑入而进行"舍身"，右手推对方的腹部，使对方身体右转，施技方利用自身侧倒的惯性使对方向右前方摔倒。投摔动作结束时，施技方是横舍身姿势，以左体侧触垫。

横车技术图

第四节　舍身技：横舍身技：横分

横分(Yoko-Wakare) Side Split

是在对方身体向其右前方倾斜时，两脚向对方右脚外侧滑进，施技方利用身体向左侧倒，把对方摔倒的技术。

基本技术：双方均以右自然体相对站立。施技方用左手抓住对方的右中袖外侧，用右手抓住对方的左前领。　左脚向对方的右前方退步，使对方身体重心前移，迫使对方向前迈步；左手用力拉，使对方向前倾。这时，右脚迅速向对方的右脚外侧滑进，别住其右脚。两手用力向左拉，使对方的身体重心在其右脚外侧，此刻是进攻的好机会。同时，身体猛然向左扭转，并且左腿也跟着滑过去，接着身体向左侧倒呈仰卧在垫子上。这时，对方也跟着倾倒，左手继续猛力向下拉，右手向上顶住对方的左胸部，使其进一步倾倒，两脚向前滑进与身体侧倒的同时，要用两臂和身体向左侧拧转的力量配合，把对方侧旋摔倒。向自己左肩的前方摔下。

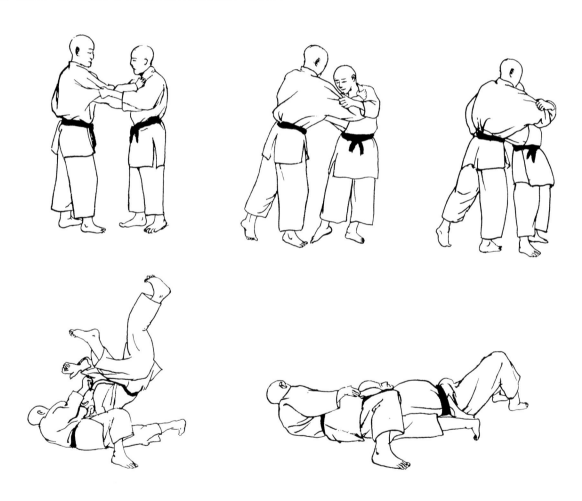

横分技术图

第五节　舍身技：横舍身技：横挂

横挂(Yoko-Gake) Side Hook
基本技术：

①双方互相以右自护体相对而立。施技方将右脚大步后退，引对方将左脚向前迈出。

②施技方以碎步后退，同时拉对方向前，施技方斜过身子使对方重心向右前倾斜。

③施技方退至第三步时，把左脚略后退对方呈半身状态倾斜，让对方身体要像木棒僵直地倾斜，这样对方的左脚必然轻触垫子，并和右脚成一条直线。把

右脚向左脚靠拢，两手充分发力把对方身体向其右脚小指外侧倾倒。

④一边将身体向左横倒的同时，以左脚掌向对方右脚外踝骨侧猛撞。同时左手画弧似的向下拉，右手如猛扭转方向盘"打轮"般地助力。施技方同时轻松地向左"横舍身"，横挂也就自然完成了。

施技方、对方平行向左侧倒地。可以按照以上技术进行相反方向右横挂。

横挂技术图

第六节　舍身技：横舍身技：横落

横落（Yoko-Otoshi）Side Drop

横落，是在对方身体重心向右倾斜时，右脚向对方右脚内侧滑进，别住对方的右腿，利用身体扭转和前倒的力量摔倒对方的技术。

基本技术：双方均以右自然体站立。施技方用左手抓住对方的右中袖，用右手抓住对方的左前领。右脚上步，迫使对方退左脚；左手用力拉，使对方右脚向前迈出。利用左手侧拉和右手向左侧推的力量，使对方身体重心向右倾斜。以自己左脚为支撑脚，右腿上步向对方右脚内侧脚跟部位滑进。此时，两肘在腰部两侧控制住对方身体，用右腿的膝盖别住对方的右小腿后部。利用身体向侧扭转和左脚后蹬前冲的力量，使对方的身体向其右前方旋转并腾空摔倒。施技方倒地时，自己的左臂和身体左侧同时着地。

横落技术图

第七节　舍身技：横舍身技：跳腰卷

跳腰卷（Hane-MakiKomi）Springing Wrap-around Throw

跳腰卷，是在使用跳腰技术，把对方身体挑起来后而旋转不足时，可以利用自己身体向外加大幅度旋转，把对方摔下去的技术。

基本技术：双方均以右自然体相对站立。用左手抓住对方的右中袖，右手抓住对方的左前领，两手用力拉，使对方身体重心向前偏移。这时，右脚稍向对方两腿间移进，左脚尖外拧与自己的左肩方向一致，同时身体左转，右脚向对方右脚内侧再上一步并贴近其右腿。用左腿支撑身体，把右手换抓对方的后领部位，夹紧头部使对方上体靠紧自己。充分利用左腿的蹬力，右腿上挑，同时，上体向左下方猛屈配和右臂向下卷裹的力量将对方摔下去。完成这个动作时，用力拉对方，使双方胸部尽量靠近，用卷裹对方头部的右手撑垫子，把对方从自己的背上摔下去。

跳腰卷技术图　　　　　　　　　　　　　　　　　　　　　　　　（背面图）

第八节　舍身技：横舍身技：外卷入

外卷入（Soto-Makikomi）Outside Wrap-around Throw

外卷入，是在压住对方右臂并捌住对方右脚后，利用腰、背向外转卷的力量，将对方摔下去的技术。

基本技术：双方均以右自然体相对站立。施技方用左手抓住对方的右中袖，用右手抓住对方的左侧领。使对方身体重心向右前方偏移。在对方处于不稳定状态时迅速进胯上步，右脚上步到对方两脚中间，左脚倒插到对方左脚内侧，左手用力拉，使对方身

体紧紧地靠在自己的身体上；再以左脚支撑身体，右脚后移至对方右脚外侧，并将右腿紧贴住对方右腿膝部；同时，把抓领子的右手撒开，右臂用力上伸，转到对方头的右侧，把对方的右臂夹在自己的右腋下，并用力勒紧。上体左转，以左脚为轴，利用右臂下压，右脚外别对方右膝盖、身体扭转前倒、背向左转卷的力量，将对方摔倒，与对方先后倒地。该动作从上步、进胯直到倒地，要用右腿把对方一直控制在身后。（参考下图）

方法一

方法二

两种外腰卷技术图

第九节 舍身技：真舍身技：巴投

巴投（Tomoe–Nage）Round throw

舍身技要点：

1.获得最大的惯性和重力加速度。　2.脚步的踩位和滚翻。主要发力腿和辅助腿的配合。

巴投是施技方将对方向其前上方提拉，使其重心前倾，自己支撑腿屈曲身体后倒的同时，以另一只脚抵至对方的腹侧。通过两手作用力和后倒的力量，用抵住其小腹的脚猛蹬。使对方越过取方身体向后翻倒的技术。

当对方向施技方施加巴投的时候，施技方要快速将右脚大步迈出，同时落腰屈膝。上体用力并通过双手的力量将对方上提，如此可对对方的进攻予以防守。

基本技术：

①双方以自然本体向右相对而立，施技方左手通过其右肋下抓握对方右置门襟的上端，右手抓握其另一侧门襟。体重置于两脚掌前，两手用力向前上方提拉对方。使其身体前倾浮动起来。

②将右脚进入对方双脚之前方，两手愈加用力。

③把左脚亦深深滑入对方两足之间，并支撑体重，右腿屈膝抬起，用脚掌抵住对方下腹部，身体向自己左脚跟部后倒，臀部下坐落到左脚跟处，这样能够加强蹬腿的力度，此时再用右脚蹬摔对方，对方就会很容易被蹬起。

④把对方身体用右脚蹬起，同时运用两手猛拉。向双肩方向投摔。

⑤对方越过施技方头顶，向左前方倒下。

巴投技术图

假动作后的巴投技术图

巴投向十字固的转移技术

第十节 舍身技：横舍身技：俵返

俵返（Tawara Geashi）Rice-bag Reversal

俵返基本技术：当对手企图对施技方抱腿时，施技方迅速环抱对方腰部并仰体后倒将对手过头摔出去。俵返是动作技术难度较高的技术。

俵返技术图

第十一节 舍身技：横舍身技：蟹挟

蟹挟（Kani Basami）

施技者站于对方的较左侧的位置，从侧面打破对方的平衡。然后跳起用两脚夹住对方的下半身，右脚置于对方的腹下，左脚则置于对方两膝后，施技者转

动自己的身体以剪刀腿的发力方式令对方向后摔倒。

蟹挟一直是禁技，容易伤后脑，所以在现代柔道比赛中不可使用。

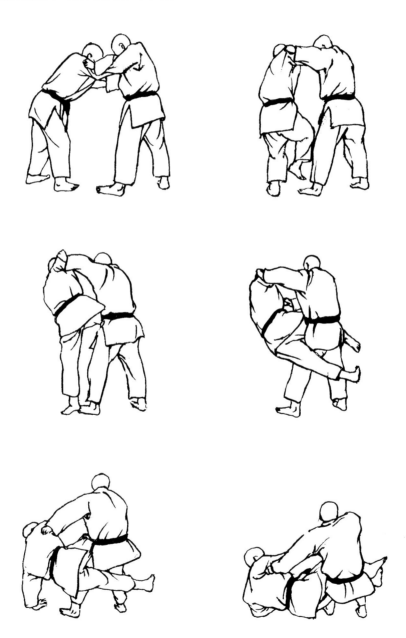

第十二节　舍身技：真舍身技：带取返

带取返 (Obitori-Geashi) Belt-grab Reversal

带取返是当对方沉低身体进攻时，一手抓住其后腰带，另一手抓住其身体其他部分，将对方摔成背部着地，或转入寝技的一种技术。

"带取返"转入寝技：

用"带取返"将对方向正后方摔过去，继而转入寝技

①当施技方采取防守姿势，向前弯腰的时刻，施技方以左手越过其脊背抓对方后腰带，右手从其右肋内侧插入，控制其左臂。

②两手控制住其上体，像巴投一样将左脚踏入对方的两脚之间，右脚跟上并支持身体。在向后舍身倒下的同时，以左脚背抵住对方右腿内侧，用力上挑，将对方从头上翻倒过去。

③施技方使身体与对方紧紧密接，不可分离，利用自己倒地和对方翻滚过去的惯性，借势以后滚翻的姿势翻滚过去，控制对方的身上继而以固技抱压对手。

带取返技术图

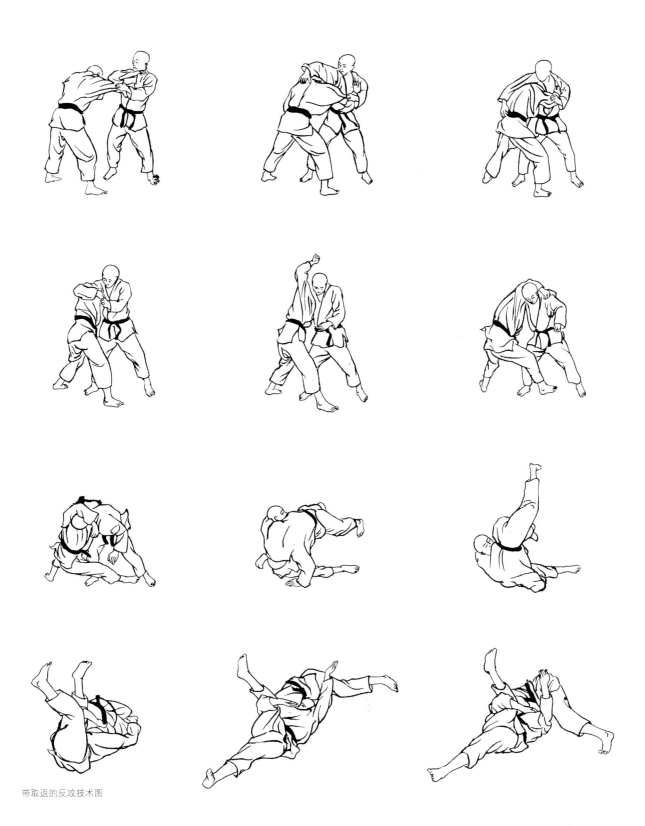

带取返的反攻技术图

第十三节　舍身技：真舍身技：隅返

隅返(Sumi-Gaeshi) Corner Reversal

基本技术：施技方与对方以右自护体相对而立。

施技方以右手使对方浮动的同时，将左脚向后退出一大步，对方被拉动前进一步。施技方以两手向前上方拉动对方，使之身体向前浮动。对方为保持稳定，将右脚向斜前方迈进。此时，对方两脚大幅度分开，站成一条直线，两个脚前掌支撑体重而身体前倾（施技方将右脚退回，要把对方身体向左前方倾斜拉动，对方必然反抗，并想把上体抬起，施技方此时利用其反作用力便可诱使对方向正前方倾斜）。施技方则把右脚移至内侧，右脚如巴投技术般踏出，右脚面抵住对方的左膝内侧打弯处。施技方从下方用力挑举，将对方越过施技方头顶而摔到垫上。对方向前翻滚呈倒地姿势。

在柔道形的练习中双方可以起身后，按形的要求以及上述的动作技术程序进行相反方向练习。

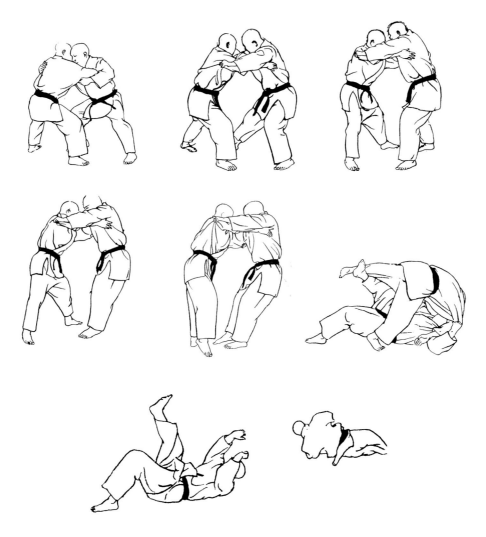

隅返技术图

第十四节　舍身技：真舍身技：里投

里投 (Ura-Nage) Rear Throw

里投（后摔），向后摔时施技者抱起对方，用自己身体向后倒的力量，将对方向上方抛出摔倒的动作方法。

当对方举右拳向施技方头部打来时，施技方让其拳头落空而将左脚大步迈入对方的右侧后方，使对方的拳头越过施技方的左肩而击空（即使对方的拳打中施技方的背部，施技方仍然要将肩与对方躯干靠紧，身体则牢牢地贴靠在对方身上。这样施技方可以轻而易举地将对方拔起）。与此同时，施技方腰部下落，以左手从对方后腰环过来抱住的同时，低身抱腰，动作要突然迅速。把右脚迅速踏入对方的右脚内侧，将右手掌（掌尖朝上）抵住对方下腹部，靠两手和腰部力量将对方抱起。用全身之力向后舍身转体后倒，同时将对方扔过头顶（左肩）摔成背部着垫。柔道中的里投技术很像古典式摔跤中的抱腰过胸摔技术。

里投技术图

第九章 柔道寝技中的固技篇

第一节 寝技（Ne-Waza）

寝技包括：固技、绞技、关节技。而理解掌握固技的压制技至关重要，如果没有良好的压制技术就不能控制住对手，无法保持施技方的优势体位，则无法进行下一步的绞技和关节技。压制技多由投技和舍身技转入。压制技的重点是要运用自己的体重和力量有效确实地压制住对手的身体重要部分。在压制过程中能够顺应并预测对手的动作从而顺势以四两拨千斤之力控制对手，保持自己的身体平衡放松。通过符合力学原理的正确的固技动作和把位（如，通过抓握对手腰带来控制对手腰部而形成的灵活便于转换的压制技状态）均是压制成功的要点。应对解脱对手的压制技时，可以做"虾行"将身体弯曲成圆形，再聚集自己的全部力量爆发式地反攻对方弱点，尽量利用对手进攻之力量和重心点来反攻对方。可以说抱压技和对付抱压技的反攻方法的不同因素是一个事物的两个方面，需结合练习，这样能够更加深刻地体会抱压技和反攻技术的要领。

在地面缠斗中，要像使用手臂一样运用你的双脚和双腿来控制你的对手，这种能力是使你成为地面擒技高手的关键。

在固技和关节技中，运用双脚通过控制对手的双胯、双腿和胸肩等需要的身体部位来把控你和对手的空间距离及体位，为寝技和关节技的实施创造条件和机会。在地面格斗中永远不要停止为自己创造最佳的体位状态。

当你处于仰面背部着地的状态时，运用地面的反作用力及你腿部及整个身体的整合力，这会赋予你极大的灵活力。

对于高级选手来说，无论是站立或是地面都应该能够应付自如，不要轻易放弃变换获得不同优势的进攻和防守体位。

固技的基本开始姿势：

①当对方背部着地，施技方在对方双腿防守之内，施技方把对方压制在身下而进攻时需要注意：

要弯曲两膝、向下落腰。呈下蹲下坐的状态，上体抬起，右手抓握其腰带，左手按压其左膝，要防备对方在下边将你拉住或抱住。要保持自身主动并安全。压制对方两脚，置于体侧，采取便于进攻的姿势。

②当对方身体居于上位，施技方由下位对其进攻时需注意如下要点：

施技方处于仰面下位防守状态，抬起上身，使自己的背部弯曲成圆形，使自己的背部与垫子的接触面尽量减小，从而方便施技方下位的灵活移动。右手控制对方的右直门襟从其内侧牢牢深抓住，左手抓握住对方的右外袖中部，两脚用足弓内侧控制住对手的前腰，同时双手拉紧将对方控制牢固。这样，对方身体的下半身便开始浮动而呈失重状态，而对施技方的防守和进攻有利。施技方则具有自由移动进攻的优势。这时施技方可以从下面运用绞技、关节技，并可以将对方扫倒而由下位转至上位的进攻。

进入固技的基本开始姿势

关于寝技中获得"一本"的条件；

①使用压制技术使对方肩背着地，无法自由活动而施技方则保持充分自由的活动状态。

②施技方必须在对方的身体上方、体侧加以抱压。

③必须将对方抱压控制25秒钟以上，对方不能摆脱控制局面。施技方能获得"一本"胜利。

按以上条件，将对方控制20秒以上，不足25秒者，"施技方"能获得"技有"的分数。

按以上条件，将对方控制15秒以上，不足20秒者，"施技方"可获得"有效"的分数。

按以上条件，将对方控制5秒以上，不足10秒者，"施技方"可获得"效果"的分数。

在施用抱压技或绞技、关节技时，对手用手或脚拍击垫或对方身体两次以上，或以语言发声等形式表示认输，则施技方可获得"一本"胜利。

抱压技的要点

①要凝聚全身的力量去拖用抱压技，不可只用部分凝固僵直的力量。

②要注意对方动作的细节并预见对方的动作，随时更换自己的位置和角度，及时变更适宜的技术动作，集中全部力量去抱压对方。

与投技一样，在寝技中，每个人都应练就自己的"得意技"。即无论对方如何防守，也能使进攻成功，这也称为自己的"绝招"。但获得得意技并非易事，要经过艰苦的、千百次的练习，达到本能反应的无意识动作肌肉记忆，才能成为出神入化的"得意技"。

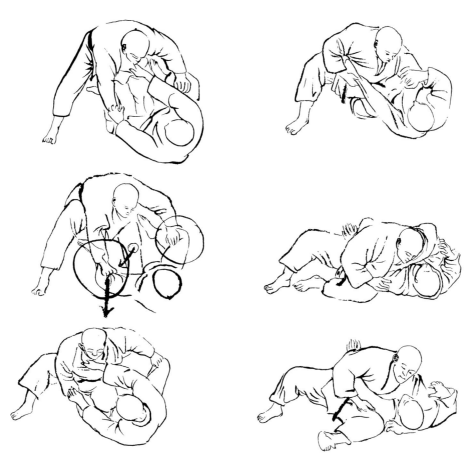

过腿进入袈裟固的技术

第二节　固技：崩上四方固

崩上四方固（Kuzure-Kami-Shiho-Gatame）Modified Upper Four-corner Hold

崩上四方固是由上四方固变化出来的固技技术，一手由对方的肩部下方进入，另一手由对方腋下进入，将对方上身控制住的抱压技。

基本技术：

将对方仰卧背部着地控制在垫子上。施技方在其右肩附近，用两膝抵住，并形成下移腰的跪姿。

施技方右手通过对方右腋窝下，深深地抓住对方的后衣领，用四个手指自内握住，并控制对方的右臂和其头部的移动。此时如果上浮身体挺起胸膛可以增加压力，但不要过于将重心落于对方身体上，这样会导致施技方变化不灵活而被对方猛然振抖而逃脱。

施技方左手由对方的左肩下方进入，将其左横带紧紧地抓握住（大拇指在里面），两手深深伸入对方后背（在实战中可寻找机会交叉抓握其后腰带获得更牢固的控制力），将两肘收紧，施技方身体与对方的身体靠紧。

弯曲两脚，重心放低，脸部抵住对方太阳神经丛处。

收紧两手，以胸部压住对方的上体。

技术要领：

施技方的两只脚和脚尖部需要根据对方的动作来变化，获得最大的控制力量，或以脚指支撑，或两腿叉开。离对方近的脚需要小心避免被对方缠住。两腿大大的张开时膝部不要贴紧垫子，以脚尖支撑身体来转移重心，增大对对方的控制压力。

如同实施绞技般地收紧两肘、挺胸施压。用自己的胸部压住对方右肩形成斜角度控制。身体不要与对方在一条直线上，以防止对方的滚翻反攻。选择对方右肩部斜上方的角度。

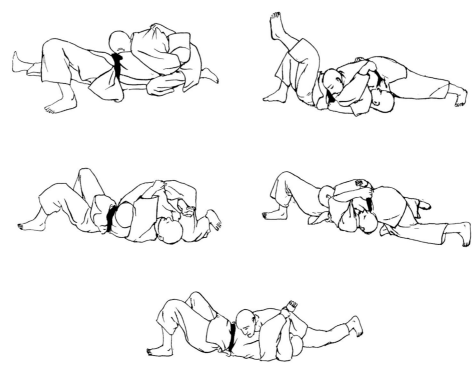

过腿进入崩上四方固进攻的方法之一

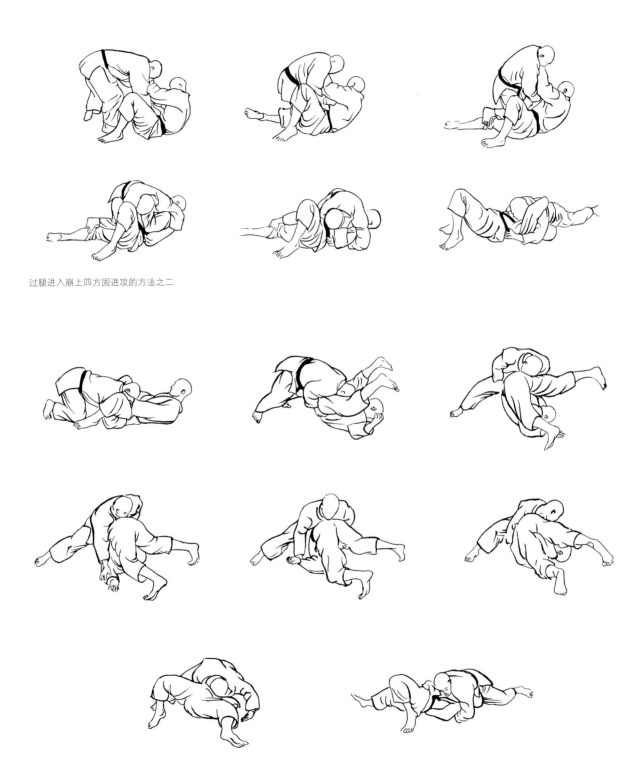

过腿进入崩上四方固进攻的方法之二

崩上四方固进攻的方法之三

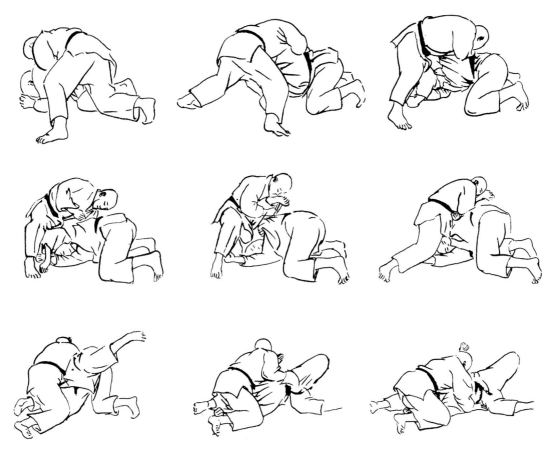

崩上四方固进攻的方法之四

由崩上四方固进攻至腕挫十字固

第三节　固技：横四方固

横四方固(Yoko-Shiho-Gatame) Side Four-corner Hold

当对方后背着地仰卧，施技方从对方的右或左侧，上体（俯卧）以两臂的力量将对方的肩和臀、腰部控制住进行压制的技术。

基本技术：

①使对方仰卧，施技方位于对方的右（左）体侧。

②施技方右手从对方的两腿之间握住其横带（四指在外，拇指在内）。

③施技方左手通过对方的右肩，从其颈部握住他的左横领（大拇指在内，四指在外）。

④屈两膝，以右膝抵住对方的右腰侧；左膝与对方的右肋下紧紧相抵，两脚面贴紧垫子而将腰深深下沉。

⑤拉紧两手，收紧肘部，两手用力拉以固定两肋，以两肩紧紧压住对方的胸腹部。（参考图）

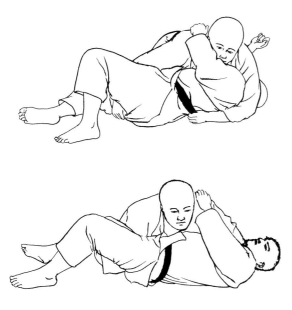

横四方固的两种技术图

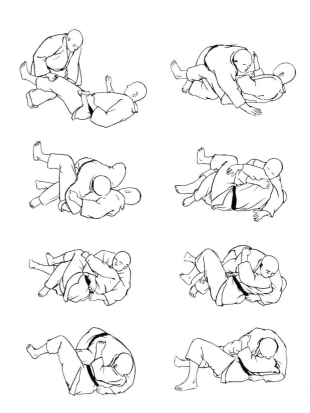

施技方由上方进攻进入横四方固

由下方进攻进入横四方固的三种方法（第一种）

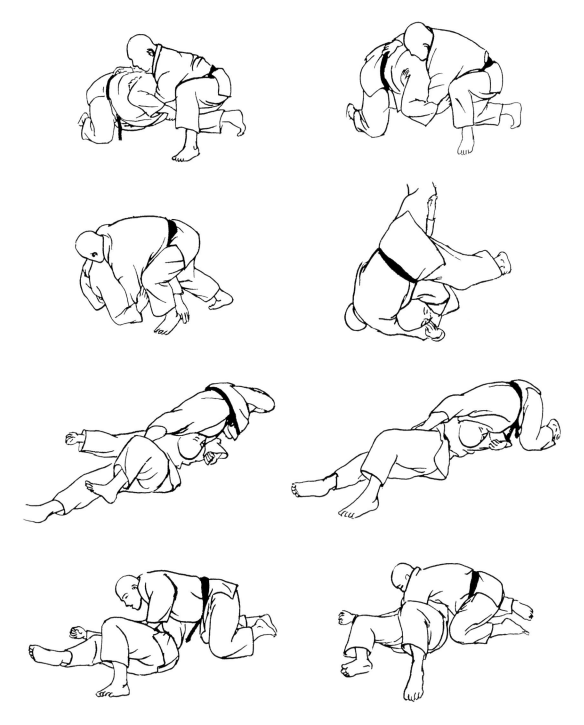

由下方进攻进入横四方固的三种方法（第二种）

由下方进攻进入横四方固的三种方法（第三种）

第四节　固技：袈裟固,崩袈裟固(Kuzure-Kesa-Gatame)、枕袈裟固、后袈裟固

袈裟固(Kesa-Gatame)Sash Hold、崩袈裟固(Kuzure-Kesa-Gatame)、枕袈裟固(Makura-Kesa-Gatame)、后袈裟固(Ushiro-Kesa-Gatame)。

袈裟固是将对方背部着地仰面控制，从其体侧和头部将他的颈部或胸部用披袈裟似的体势，去抱压的技术。袈裟固比较适合初学者练习。以抱压技压制对方，要根据对方动作寻找战机，这样容易控制对方。

袈裟固一类的技术比其他的固技容易以组合连络技术的形式一起进行，是一种富于变化的技术，因而应该利用其特点自由变换地使用。如被压方打算挣脱时，经常会将右腕伸进施技方的两腿之间，施技方应顺势将其手臂夹住，也可先发制人夹住对方的右腕，这样可以加强抱压控制的力量。也可转为臂锁来锁住对方（从袈裟固至以腿锁臂）。

以形的方式进入袈裟固

基本技术为：

①将对方仰面朝天压制，左手握紧其右衣袖中部，抓握时用力卷入抓牢，施技方位于对方的右体侧。

②右手由对方左肩头部，抓紧其衣领后部。（崩架裟固，则将右臂伸入其左肋下，手掌按于垫子上，或者牢牢抓紧"对方"的后衣领子）

③两腿弯曲，右腿在前，左腿在后，大幅度地打开。

④两手把位抓紧，体重落在后背部，胸部展开，使之压制住对方胸部。

技术要领：

①施技方的背部要紧紧地压制住对方的肋部，臀部接触垫子要牢实。体重不能过分失控地落在对方的身上。以防止对方破坏施技方的平衡而进行反攻。

②要用力抓住对方的右衣袖，控制牢其右臂。以防止其逃脱。

③两腿要尽量地打开，右脚的外侧、左脚的里侧要贴紧垫子，以保持重心的稳定。

袈裟固正面

袈裟固侧面

袈裟固到腕挫腋固的转移技术

（1）枕架裟固

其压控位置是将腰部落于对方的右肩上，用左手将其左后衣领从颈下将拇指伸进里侧紧紧握住。将右腰与对方的右颈部紧密靠压。右臂从对方的左肋下伸手握住自己右膝左近，把对方的头部枕在自己的右大腿内侧而形成抱压技。由于对方容易向后反劲将施技方翻滚过来进行反攻，所以应把两腿大角度分开，左腿向后移并张开以便支撑，上体尽量前倾下压将体重压于对方身上。（如图）

（2）后架裟固

将自己的身体位于对方的右肩上，左手抓住对方的左衣袖中部，将其右臂控制住（用臂夹住）。右前腰抵住其左肩。两腿大幅度张开（右前左后）。右臂伸至对方右肋下，肘部支在垫子上，用右手抓住其腰带的右横部位。上体前屈，将对方抱压住。

紧紧用右前腰抵住其左肩，上体弯曲下压。

另一种方法类似崩架裟固，只是左手从对方的颈下伸过去，紧紧抓住其左横衣领子，腰与对方的肋部贴紧把上体倒向前方。

枕架裟固图

后架裟固图

第五节 固技：肩固

肩固（Kata-Gatame）Shoulder Hold

肩固既是压制对方的技术，同时又是对对方的颈部实施扭绞的技术。如果对方体大力强，则可能通过后转滚翻逃脱，因而理解肩固的技术要点，实战中可因势予以应对。

基本技术：

施技方使对方呈仰卧状态，施技方在其体侧采取俯卧姿势，以两手之力，将对方的右臂拉向其头上并控制在头部右侧。两手猴子式（像猴子抓握树枝一样五指朝同一方向并拢抓握）十字相握以右臂抱紧并控制对方头颈和右臂，施技方用右臂和右颈部将对方的右臂和颈部紧紧卡住。使其右臂无法抽臂逃出，低头下腰，两手牢牢拉紧（环抱卡住对方颈部及其右臂的手较易松动，可以握住自己左衣领加以强化压控或左手抓住对方的后衣领，更有效地加强控制）。

上体应放低而压紧控制对方，右腿屈曲，用右膝顶住对方右肋和腹部，左腿向横侧方蹬伸直并向对方施用抱压技术。为防止对方向后滚翻而逃脱，左腿要尽最大可能地向后方蹬直。

施技者利用自己的体重压紧对方被控制手臂的三头肌部分，加之强力的勒压可形成颈部的绞锁，迫使对方认输。

施技中，施技方不可将身体整个压在对方的身上。这样容易被对方利用后滚翻而逃脱。

右膝盖要抵紧对方的右肋和腹侧，并根据对方移动而随之移动。施技方膝盖要防止和对方的右肋及腹部脱离。如果离开，就很容易被对方以后滚翻的方式逃避，或者以两腿夹住施技方的方式逃脱。

在实战中，上体的压制方式和两手紧握的方式，要根据基本技术要领而变化。两脚可以像袈裟固那样，右脚在前，左脚要向后侧大幅度叉开，上体深深放低而抱压之。

肩锁固在实战中的应用，施技方以拿背半骑式控制并使对方平卧，施技方的左手从对方的腋下抓住对方的左手腕。

施技方（如图）两手相握合，左手钩住对方的右臂，右前臂合力向下压对方的颈部，两臂此时形成力偶的扭转之力。

施技方继续施力，用他的左臂移动对手的左肩，同时施技方移动他的身体继续稳稳地骑控在对方的身上。

施技方用他的左手抓住对手的头颈部获得稳定有力的杠杆力，同时用右手支撑在垫子上保持稳定的平衡和控制来翻转对方。

施技方将对方的左手臂滑过对方的头部并勾缠住对方的头颈，同时用头部压控对方的左上臂和肩部。施技方的右膝缠控住对方的右臂以确保进攻技术的成功。

此时，施技方用头部和颈部合力挤压对方的肩颈部，如果此部分技术做得到位，将形成绞锁技术的效果，而使对方窒息。

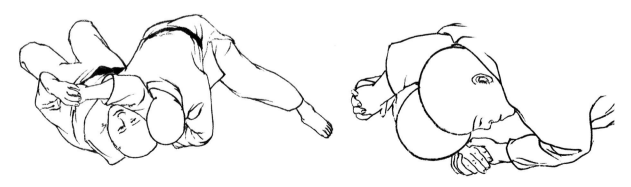

肩固技术图

肩固技术图（以柔道形的方式进入肩固）

第六节　固技：上四方固

上四方固（Kami-Shiho-Gatame）Upper Four-corner Hold

上四方固是施技方将对方仰面背着地控制在垫上，以施技方的上身从对方的头部压制住对方的上体的固技动作。

基本技术：

①将对方控制为肩背着地仰面朝上的姿势。施技方用双膝从上方控制其头部，成为前坐姿势。

②施技方上身在对方的上半身以俯卧姿势压制住对方。两臂经对方的双肩、双臂下方伸入腰间，两手握紧其两侧横带（大拇指在内），对方的头部处于施技方的两膝之间。

③两膝呈下跪姿势，脚面紧贴垫子，重心进一步降低，将脸部侧过来抵住对方的心窝处。两脚面绷紧，要使脚面贴住垫子或以脚踝外张以膝内侧接触垫子，这都是为了降低并稳定重心。根据对方的动作，可使脚尖脚指灵活变化。或者伸出一条腿，亦可两腿左右打开抬腰，将自己的体重重心最大化地置于施技方的两腕来压制对方。

④施技方两臂两腕收紧夹住对方，并以胸部的压制力量控制住对方的上体使固技形成。

技术要领：

自己的身体随对方移动始终和对方的身体保持在一条直线上。

腿部技术的变化：

两腿大幅度打开，腰部抬起，加强压制控制力量。

一膝伸直，可以脚指横向支撑。另一膝仍跪于垫上。这样也能增加固技的力量和施技方的稳定性。

（见图）

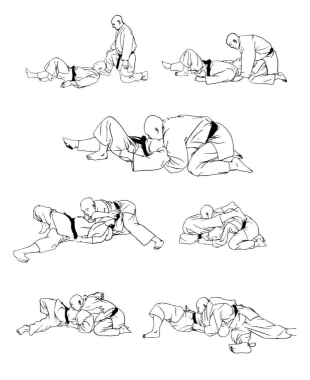

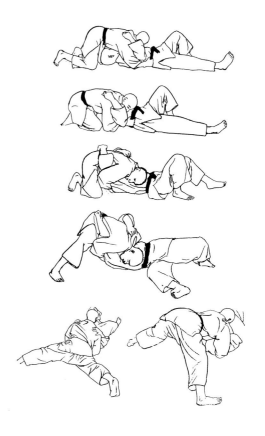

进入上四方固及上四方固施技方腿的不同体位

第七节 固技：纵四方固

纵四方固 (Tate-Shiho-Gatame) Straight Four-corner Hold

施技方使对方呈仰卧姿势，上骑式骑在对方的身上，用两腿用力夹住其躯干。并将对方的颈部和一只手臂控制牢固地抱压住。

基本技术：

使对方呈仰卧，以上骑式骑在对方身上。

与肩固同样的技术动作，用自己的右臂及右侧颈部把对方的右臂及颈部环抱压住，把自己的两手搭扣紧握。

两腿夹住对方，在对方的臀部下方将自己的两脚相合。两脚如不能伸入对方体下相合，则也应紧紧贴住对方体侧。当对方移动的时候，寻找机会伸入对方体下。用两腿盘钩住对方的小腿也是一种方法（如果勾住对方小腿同时用力蹬直将会对对方形成腿锁的效果）。

施技方收紧两手两脚与对方身体紧密贴实而抱压控制对方。施技方背部不可弓起，要收缩胸腹部，与对方紧密靠紧才可将对方控制牢固。

由上面侧面控制转移至纵四方固图

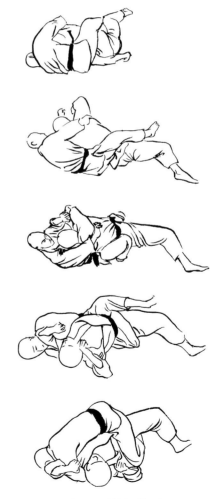

由拿背（控制对手背部的体位）进攻转移至纵四方固图

纵四方固向腕挫十字固的转移技术

纵四方固技术图

第十章　柔道寝技中的关节技篇

（关于关节技）

在关节技中，获得"一本"的条件。

①以把肘关节拉直、屈曲、扭转来决定。

②对方肘关节被制，在忍受不了的情况下，发出认输的呼叫时，或者拍击自己或施技者—对方身体及垫子两次以上时，施技方可获得"一本"胜利。

③关节技在显示出效果时，裁判会判定施技方获得"一本"胜利。关节技的效果已被完全确认，裁判会立即叫停。否则，如果再进行下去，对方会受到伤害。而一旦施技方施加了合理的关节技术，技术成功已成必然时，对方则不应盲目地胡乱挣扎，而应发出信号表示认输。施技者也应适当把握分寸，不可超过限度伤害对方。总的来说，在关节技的实施中，双方都应具有保护对方和自我保护的意识

与关节技有关的安全事项：

关节技在投技、寝技练习和比赛中，为避免伤害有严格的禁止事项规定。

①在柔道竞赛规则中，明确做出"在肘关节以外，不准施加关节技"的决定。

②使用"腋固"技术，不准直接倒地。否则，将给予"警告"处罚。

③一只手握住对方一侧门襟，控制对方一只臂膀，使用内股等技术，致使对方胸腹着地。这也危及对方的肘关节，同样要受到"警告"处罚。

④做出有损于对方脊椎和颈椎的动作，也是在被禁止之列。如：把后背落在垫子的对方提拉起来，然后再使劲砸下去，也要受到"警告"处罚。

另外，用两只胳膊或两条腿用力夹着对方颈部，也在犯规之列。

第一节　关节技：腕挫腹固

腕挫腹固（Ude Hishigi Hara Gatame）Arm-taking Stomach Armlock

腕挫腹固，是将对方手腕控制住，小腹用力反压对方肘关节的技术。

一种方法：当对方呈跪撑姿势时，施技方在其右侧以左腿成跪立，用左手经过对方的颈部左侧抓住对方领子，右手抓住对方的右手腕，并控制在自己的右大腿上，腹部顶住对方的肘关节，用力反压。

腕挫腹固技术图

另一种方法：当对方呈俯卧姿势时，施技方将自己的上体从对方的左侧横趴压在对方的背上，用左腿右屈别在自己右膝盖处并把对方的右臂从下面固定住。然后，小腹向下压，两腿用力顶其肘关节形成反关节技术。

　　腕挫腹固的解脱方法是，当对方抓住施技方手腕时，大拇指向上扭转，并用力把肘关节屈向自己的体侧。

　　从腕挫腹固这种类似拿背（控制对手后背）的体位很容易转移到其他技术（如下图）

从腕挫腹固到地狱绞的转换图

第二节 关节技：腕挫十字固

腕挫十字固(Ude Hishigi Juji Gatame) Arm-taking Cross Armlock

腕挫十字固通常简称为十字固，它是施技方在对方的身体上面形成十字形，以两手握住对方的右（左）手腕关节处，以两腿夹住对方上臂部，起桥挺胯，运用腹胯部为支点，将其右（左）臂拉直形成肘关节反关节锁的技术。其攻击对象是肘关节及相关肌腱。从抱压技、绞技到十字固的连络变化的方法很多。腕挫十字固技术需要利用杠杆原理，在施加腕挫十字固时，臂的根部是支点，肘关节是作用点，施压时将对方大拇指朝上。因为手腕是力点，将其作为支点臂的根部控制住是技术成功的关键。施关节技的时候，应充分掌握肘关节的生理原理。能确定其弱点，而采取反方向挺直或扭转或逆转，要选择最适合的角度。

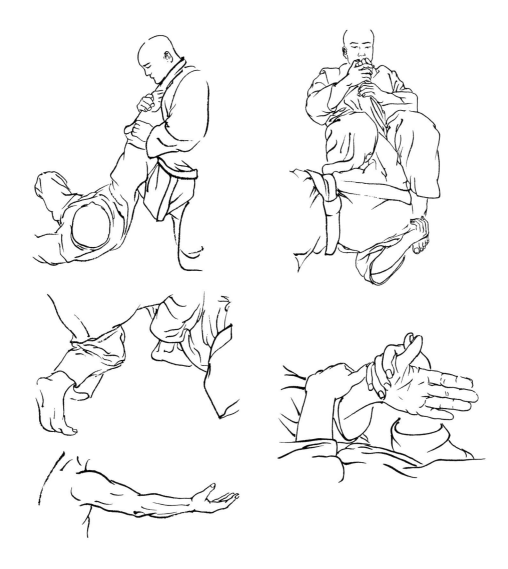

局部图

腕挫十字固技术侧面和后面图

基本技术：

①对方仰卧垫上，施技方位于其身体右侧。当对方伸出右手企图抓握施技方衣领的时候，施技方则以双手抓其右腕关节处（拇指在内，四指在外），向上提拉。

②施技方前移腰部，把右脚抵住对方的右腋下，迅速弯曲右膝，将臀部落座于右脚跟处，与此同时，将左腿从对方头上越过回勾，并压住其颈部。

③压制颈部的腿，直抵左肩，以两腿之力紧紧夹住对方的右臂近肩部，臀部要向对方的右肩处靠紧，以便与其身体密贴才能将其肩部固定。两条大腿把其右臂用力夹紧。身体向后倒，挺胯，以两手拉紧锁住，要将对方的大拇指朝上，向其小指方向用力。要将两手拉紧、起桥挺胯、两腿夹紧这三个动作同时在瞬间完成。

④如果对方全力防御（如对方防御用左手把右手腕握住，用右手紧紧抓住衣领、带子、衣袖等不松开），施技方可以左手插入对方的左腕内，并抓住自己的衣领将其控制住。以右手握住其手或手腕，拉开对方的手而将腕挫十字固技术完成。

此时对方的逃脱技术是将右臂向外侧翻过去，把身体向左扭转，使身体和施技方成一条直线，同时抽出右臂便可解脱十字固。因而如要防止十字固技术被对方逃脱，施技方与对方身体保持大致成直角的最佳施技角度至关重要。

腕挫十字固的技术图

腕挫十字固的技术图

从下面进攻施以十字固技术：

①施技方仰卧，采取从下边向对方发起进攻的姿势。当对方进攻以右手从施技方两腿间插入，以右肩压过来的时候。

②施技方一边用右腿从对方颈部左侧将其压控住的同时，一边将身体向右扭转变换身体角度（施技方与对方身体大致成直角最佳）。

③同时将左腿从对方右肩口后方上抬，越过头部向对方颈部压去。用两条大腿夹住其右臂，伸腰"起桥"，胯部上挺，两手拉紧锁住对方手臂。对方如果坐起来而想把手抽出，则会被锁得更紧。（对方正确的做法是用体重紧紧地压制住施技方，不让施技方挺胯施技，使施技方放松两条大腿的夹力，然后抽出手臂，对方就可以逃脱由下进攻的十字固了）

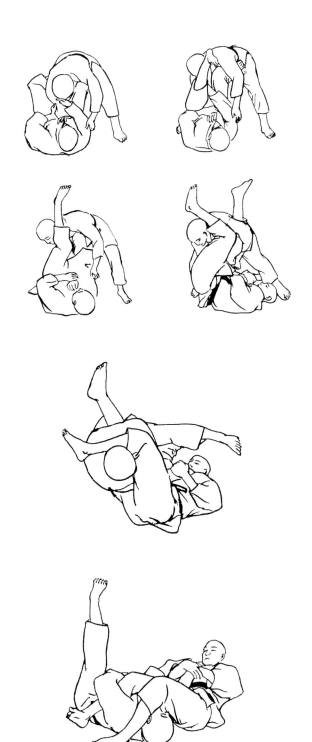

从下方进攻施以十字固的技术图

从上方进攻施以腕挫十字固

（1）崩袈裟固——腕挫十字固

施技方以崩袈裟固技术抱压对方，对方企图将左臂抽出而将身体向左扭转逃脱。施技方一边把身体抬起的同时，一边以左手从对方右臂外侧将其控制住。

将左脚从对方头前环绕过来，向其左肩方向迈出，以左手把对方右腕拉住。

以右脚为轴，落腰同时把身体向左回转，形成十字固制服对方。

袈裟固到腕挫十字固的连络技

（2）上四方固——腕挫十字固

施技方以上四方固技术抱压对手。对方以两手用力推施技方双肩。而将身体向左扭转企图逃脱。在对方身体呈侧卧位的时刻，施技方用右手将对方左臂从内侧控制住。一边将身体抬起的同时，一边把左脚向对方左肩附近迈出。

以左脚为轴，向十字固转移变化并制服对方。

由上四方固到腕挫十字固的连络技

飞身十字固技术图

第三节 关节技：腕挫腕固

腕挫腕固(Ude Hishigi Ude Gatame) Arm-taking Armlock

腕挫腕固是将对方的左（右）臂拉直，将对方手腕固定施技方于右（左）肩，以两手抵按住对方的左（右）肘的外侧，向反方向施压，形成肘部的反关节技术。腕挫腕固的逃脱技术是把手臂深深插入，然后反转手腕弯曲手臂便能摆脱。如果对方的腕挫腕固技术已经形成，则不可盲目挣扎。如果胡乱挣扎，反而会被对方固定得更牢固。向前方回转也可能逃开腕固技术，但要防止施技方借机施加抱压技。

基本技术：

① 身体位于仰卧状态的对方的身体右侧。对方企图向右抬起上身，伸手抓施技方的右衣领时。

施技方身体下沉，以头颈部右侧压住对方的手，将对方的手固定。把右手掌抵住对方左肘外侧，同时把左手按在右手掌背部，右腿立起抵住受方左肘外侧，右脚可以抵住对方腹部防止其起身。两手用力施压。

腕挫腕固技术图

（1）从下方进行的腕挫腕固

① 采取从下方进攻的姿势，对方在施技方防守的两腿内，当对方将施技方双腿压制并企图过腿进入体侧位控制时，施技方抬起上身，将右手从对方左臂内侧插入，将其右臂控制住。

② 把对方的左手腕卷在右臂之上，使其无法抽出手臂，右手压制对方左肘，左手配合施压，同时，两腿控制对方身体防止对方逃脱。

③ 一边向左扭转身体，一边施以腕挫腕固技术。

（2）采取站立姿势而使用的腕挫腕固

施技方以右自然体，对方以右自护体相对。对方左手紧握施技方左直门襟。

此时，施技方将左脚后退，身体稍向左移转，然后，右脚也向后退去，将对方用力后拉使其左腕抵抗力减弱。施技方将右臂（松开把位）由对方左臂内侧向外环绕，将对方手臂及腕部缠绕。左手辅助右手抵住其肘部，向后方拉压施以腕挫腕固。

两种站姿腕挫腕固技术图

技术重点：

①实施腕挫腕固的时候，把右脚大步后退，但身体向左闪得不可太过。如果过头的话，对方将会向前回转逃脱。在自己的左肩上固定对方手腕时，对方有可能趴下，但可以在原地使用该技，同样可以取得满意的效果。

②右臂环绕时，要迅速且出其不意，向下拉压时要如"太极拳"般圆化的弧形用力。

从腕挫腕固到纵四方固的转换图

第四节 关节技：腕挫膝固

腕挫膝固（Ude Hishigi Hiza Gatame）Arm-taking Knee Armlock

腕挫膝固是施技方用两手控制住对方的一臂，使对手肘关节拉直，用膝部向被控制住的对方手臂肘关节施加压力的一种反关节技术。

当对方伸右臂进攻时，施技方左手控制其右臂，右手拉其右领襟，左腿屈膝，右腿直蹬对方左大腿，身体往后倒；倒地让自己呈侧卧姿势，把对方的右臂用力拉直，夹在左腋下，右手紧紧抓住对方的衣领，用左膝盖顶住对方的右肘关节，用力向反关节方向施压而形成关节技。

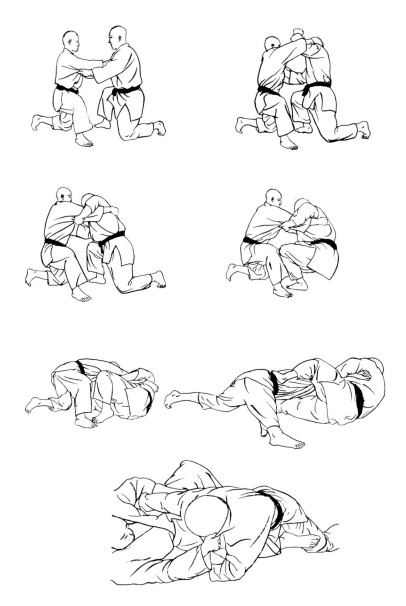

腕挫膝固技术图

第五节　关节技：腕挫腋固

腕挫腋固（Ude Hishigi Waki Gatame）Arm-taking side armlock

把对方的左（右）臂卡于腋下夹住，将其手臂压直而取胜的技术。

基本练习：

(1)从上方进攻的腕挫腋固

①以右自然体相对站立，施技方将左脚退去，与对方拉开距离的同时，右手拇指向下方握住对方左腕，左手从横侧握住对方左手腕。将对方左腕控制之时，其小拇指朝向上以形成反关节状态。

②以右脚、左脚后退，同时将对方左手臂拉直，使其身体前倾。施技方身体左移，把对方左臂拉向体侧，以自己的右肘压住对方的左肘，控制对方的手臂，不必过深，只将自己的肘部抵住对方的肘部之上

即可。

将两腿充分打开，腰部下沉，保持稳定的体姿，腰挺直，牢牢将对方手臂控制住，并向对方的左肩方向拉去，施以关节技。此时如果对方极力反抗，施技方可将对方向前拉动两三步，便可继续施技了。

如果对方欲以俯卧之势逃避时，或匍匐四肢着地，我们同样可以抓住其左腕随之落地，施加腕挫腋固之技。

（2）从下方进攻的腕挫腋固

①当对方试图控制施技方时，施技方右臂撑地，左臂夹紧对方的右臂。

②踏出右腿，转移体位。

③用右手抓住对方的右膝，左臂施压对方的右臂肘关节。

从上方进攻的腕挫腋固技术图

从下方进攻的腕挫腋固技术图

第六节　关节技：腕缄

腕缄　(Ude Garami) Entangled-arm armlock

以右（左）手握住对方手腕，以左（右）手握住自己的手腕，形成杠杆，把对方的肘关节扭转向相反方向形成臂锁。腕缄有内侧和外侧两个不同方向的技术。

基本技术是，施技方侧位控制对方呈仰卧姿势，左手抓握住对方的左手腕，抓握时以能够获得最大抓握力的"猴子式抓握法"，即以拇指向下如猴子抓树干般地抓握住腕臂。

施技方将上体俯下，双方的身体呈十字形。将对方的左臂拉向其头的左侧前方，并使其弯曲约90°，在其左肩外侧用力按下。

将右手从对方的左肘下插入。从上握住自己的左手手腕并拉近，右手拉的同时上抬施以关节技。施技方将对方身体彻底压住，将其左肩固定住，使其丝毫不能转动。

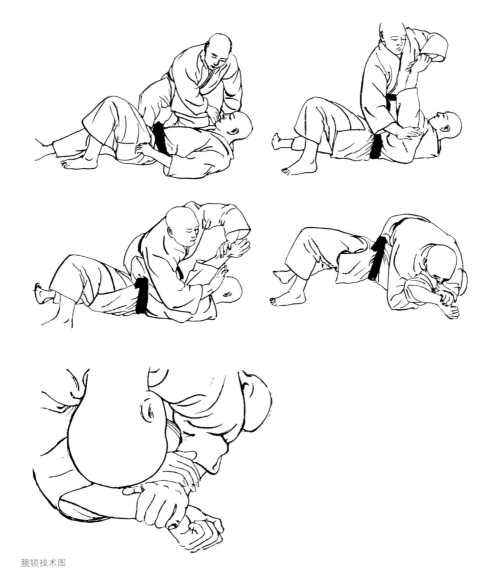

腕锁技术图

（1）从对方体侧将其左腕向里屈曲的腕绕

①与基本技术相同，位置在对方右体侧。对方举起左手打算抓握施技方柔道上衣。这时，施技方用右手拇指在下握住对方左手腕。

①把上体压制在对方身体的前部，将其左臂向内侧强压使其屈曲其角度约90°，并控制在对方左体侧。

②把左手插入对方的左肩下，从上边握住自己的右手腕。将其左肘用力向上抬，施以关节技。施技时向自己胸前用力拉的同时，需要一鼓作气猛然发力施技，如此能够提高技术的成功率。

（2）施技方从下位以腕绕进攻：对方从上边进攻，打算从施技方的左体侧过腿施用抱压技而将其左腕伸出的时刻，将其左腕加以固定（将手臂向内侧屈曲）。对方向前方回转而逃脱时，施技方将关节固定的同时，一起翻转，取上位来固定对方，或者向抱压技变化。

从上方进攻的腕绕

从下方进攻的腕绕

两种腕锁技术图

第十一章 柔道寝技中的绞技篇

第一节 关于绞技

绞技（Shime-waze）Strangle Technique

（1）绞技"一本"的条件

①将颈部用两手或脚的动作或利用柔道服施以的绞技。

②对方口头发出表示认输的呼叫，或用手、脚拍击自己、施技方或垫子两次以上，施技方可获得"一本"。

（2）绞技的要求

①要采取能限制对方自由，使其难于抵抗的体势，而自己的体势则尽量得以充分自由、充分平衡稳定。

②要集中并配合全身之力于双手，充分利用杠杆和力偶的作用尽全力施以绞技。

③在实施绞技时，应在短暂的时间里显出效果。

（3）绞技导致的昏厥休克状态

被绞者丧失意识而休克是因为被绞者颈部的颈动脉、颈静脉、气管受到压迫，而引起呼吸困难，身体及脑部缺氧，导致缺血以及脑压、血液流变产生改变的状态。

这种状态，对于成熟的人来说，几乎对身体不会产生任何伤害。但是对有心脏功能障碍的人以及尚未成年，发育不完善的人来说，不能说完全没有危险。长时间的脑缺氧对于人体是有伤害的，因而我们训练是需要倍加小心。由于绞技伴有痛苦而产生恐惧，对于初学者来说，可能会影响训练的勇气和信心，故无论是施技方和对方都应给予足够的重视，在练习时不要采用危险的技术，容易使对方受伤的动作是绝对禁止的。即使使用合理技术，也应点到为止。被绞者也不应逞强硬挺，一旦绞技显出效果，应及时拍垫发出信号叫停以防止自己受伤。

第二节 绞技：裸绞

裸绞（Hadaka-Jime）Naked strangle

裸绞是从对方的后边将右（左）手由其右（左）肩头向前伸出，前臂抵住受方喉部，把左（右）手和右（左）手相握去实施的绞技。裸绞为压迫气管的绞技。

裸绞的解脱方法是以两手拉住进攻方的右袖外中部分，以缓解其绞力。把勒卡着自己喉部的对方的右腕推拉开，把脸向右转，以摆脱其绞技。

（1）在对方坐姿时，从对方背后施以裸绞。

对方采取长坐姿势（双腿伸开的坐姿），施技方左膝跪地，右膝立于对方身后，把右手通过对方右肩上向前伸出，插入其前颈部。右手之拇指一侧应抵住其喉头部。右手过分深入或两人身体距离较远，都不易使绞技成功。

左手掌心向上从受方左肩上伸出，和右手相抓握，右脸颊和对方的左颊相贴紧，身体稍稍下落，可把对方后拉，使其身体不平衡来削弱对方的防御力，右肩压迫对方头部后方使之前屈，同时用两臂拉紧施以绞技。

（2）在对方匍匐四肢着地的时候，从背后施以裸绞。

① 伏在匍匐着的对方身上，骑在对方的腰带下部，两手从肋下提住其两直门襟，两脚夹住其身体。

③ 下腹突出，两腿蹬直，使对方两腿悬空伸直，无法反抗。

④ 狠压对方，使对方上体挺起上仰，借此机会两手从对方颈部两侧伸入，把右前腕卡住对手的喉头和左手相握，身体前伏，两手用力施以绞技。

如果对方侧方转体可以随他的体势滚转来绞他，也可以施以送襟绞或片羽绞。

被对手面朝下拉直并被骑，此时在下面的防守者处于十分危险不利的境地，处于上骑位置的进攻者会运用体重和四肢将下面的对手如超市肉铺中的"白条鸡"般地拉直，这样使得下面的对手难逃裸绞的进攻。对于处在下面的防守者来说，重要的是一定要保持自己稳定的支撑，并尽快逃出这种不利的体位。

在对方是坐姿时施以裸绞技术图

对方是俯卧施以的裸绞技术图

第三节　绞技：片手绞

片手绞 （Katate-jime） One-Hand Choke
片手绞也被称为单手绞的技术（如图）。
基本技术：
施技方摔倒对方的同时，用右手(拇指朝内) 抓住
对方的右领口，左手抓住对方的后腰带，右手压制住对方颈部，使对方不能起身，然后用力推对方后背使其整个下体向前挤压而导致对方窒息。

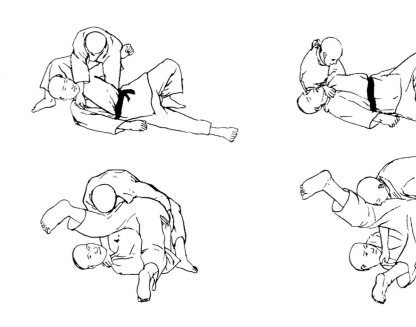

片手绞技术图

第四节 绞技：片羽绞

片羽绞（Ｋａｔａｈａ－Ｊｉｍｅ）
Single-wing Strangle

从对方的背后以右（左）手
经过其右（左）肩上，抓住其左
（右）横领，左（右）手从对方
的左（右）腋下插入，把对方的
左（右）臂向上拉加以控制，并
向其后颈插入同时施以压力，两
手合力施以绞技。

基本技术：

①对方采取坐姿，施技方在
其背后单腿跪地，左膝的位置不
可高过对方的肘部。左臂从对方
左腋下插入，将其左臂扬起置于
自己胸前贴紧加以控制。

②将控制对方左臂的左手伸
直，指尖朝右，向自己的右腋下
插入。将右脚后退，身体向右，
扭身将对方的上体向后拉，使其
向后倾倒，拉紧对方左横领施以
绞技。

片羽绞技术图

在背后抱住对方而施片羽绞：

以片羽绞的技术要领，从对方身后夹住其身体，两手从对方两肋插入，抓住其两侧直门襟。

把对方左臂控制住，上体向右转，右体侧面卧于垫子上，使上体后仰，控制住对方的左臂施以绞技。

通常可由后背进攻，"拿背"控制后翻滚至片羽绞。

由后背进攻翻滚至片羽绞技术图

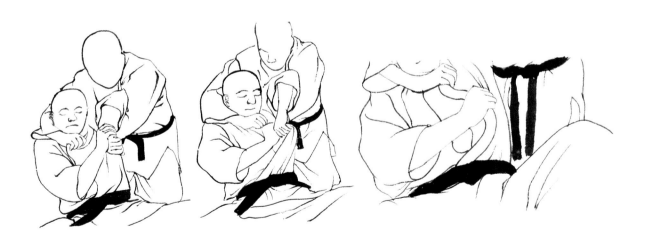

对于片羽绞的防守：当对方对我施以片羽绞时，我方可以将右手和左臂搭成杠杆使我方左臂下压来缓解绞力。或以右手抓住我方被对手用来施以绞技的直门襟来解开绞技，可借此机会将我方臀部稳离开对方并破坏其平衡下潜身体，从其右臂下逃脱。

第五节　绞技：三角绞

三角绞 （Sankaku-Jime） Triangular Strangle

三角绞，是用一腿从对方腋下朝上与另一腿从对方肩上搭勾成三角形状，两腿合力挤压迫使对方大脑缺氧窒息而认输的一种技术。三角绞进攻对方身体俯卧时具有良好效果。三角绞因其进入的位置角度不同和方法不同而分别称为表三角绞、后三角绞、横三角绞等。

三角绞进攻技术要点：

①三角绞施技的重点是双腿夹住对方的方法。施技者必须以自己一腿的膝关节夹住另一腿的脚踝，否则无法充分发力。两膝发力时需要弯曲收紧，施技时两腿充分夹紧。

②三角绞的胯部向上并向钩住对方颈部的腿的一侧转体与对方成一定角度，这样的发力效果好而且不容易被对方反攻。横三角绞时，胯部要尽量挺向上方可同时配合拉压对方的头部，这样不仅绞技施技的效果好，还便于转为压制技。如果三角绞的效果未能实现，则迅即转为压技，这种技术转换能够打乱对方的防守节奏。

从下位以三角锁进攻时，施技方仰卧垫上，双手控制对方的一只手臂，左脚置于对方右胯之上，施技方蹬其右胯来获得良好的进攻体位，同时右腿钩住对方的颈部，并置于对方的左肩上，左腿与右腿搭扣成三角，夹紧两腿迫使对方颈部受压窒息而认输。

练习做三角绞时需注意，收膝动作切不可用力过猛，用力过猛会导致对手颈部受伤。在练习中已构成三角锁时，要慢慢地施加压力直至对手认输。

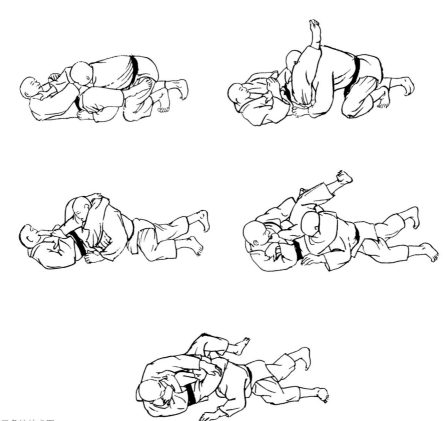

三角绞技术图

后三角绞

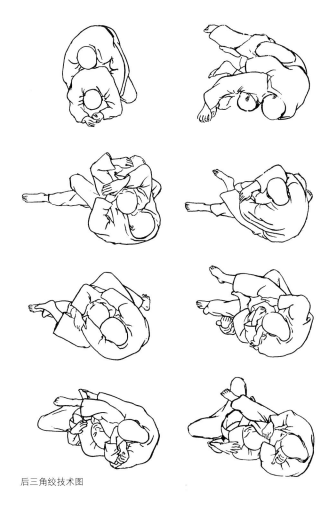

后三角绞技术图

侧面的三角锁

侧面的三角绞技术图

第六节　绞技：十字绞

十字绞(Juji-Jime) Cross Strangle

十字绞是把两腕十字形交叉，握住对方两侧横衣领，两手用力拉之，绞住对方颈部的技术。由于两手的握法不同，又分为片十字绞、逆十字绞、并十字绞等三种绞技。

十字绞的种类：

1.片十字绞　(Kata Juji-Jime)　Half Cross Strangle

施技方左手掌朝上抓住对方左领襟，右手抓其右侧领襟，一只手的大拇指在对方横衣领的里侧，另一只手的大拇指在横衣领的外侧，紧紧抓握对方两侧横衣领。握的把位形成一只手的手心向上，一只手的手心向下。两手交叉呈十字，两手收紧的同时收紧两肘绞锁对方的颈动脉。

具体应用练习如图：

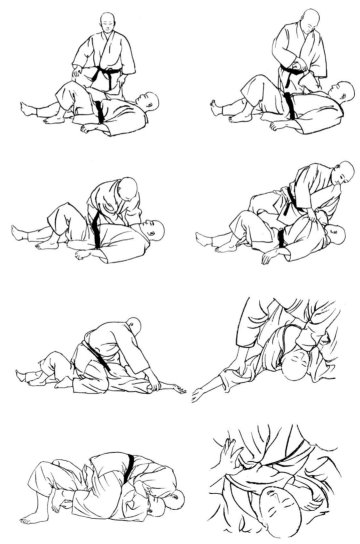

片十字绞技术图

2.逆十字绞 (Giyaku Juji–jime) Reverse Cross strangle

两只手的大拇指朝外，其余四指均在内，深深握住对方颈部两侧横衣领，两只手的手心均朝上，紧紧地绞住对方颈部两侧。

3.并十字绞(Name Juji–jime) Normal Cross strangle

两只手的大拇指向内，其他每只手的四指在外，深深抓握对方两个横领，绞住对方颈部两侧。

十字绞，对初学者来说是比较简单，所以应多用此法。或骑在对方身上，或在对方身下方，或在对方身后，或者在其体侧的体势，均能进攻对方。

骑在对方身上实施十字绞

①骑坐在对方身上，同样可以进行逆十字绞，并十字绞。

在仰卧的对方腹部骑坐，用两脚夹紧其身体，以右手拉住对方的左前门襟，左手四指在内，拇指在外，深握住其横领。

②大拇指在内，四指在外，深深握住对方右横领。施以绞技时，左手以拇指一侧，右手用小指一侧，卡住对方颈部两侧。

③手臂使劲拉的同时，将臂内旋身体前压，俯下上体以胸部顶压施技，以增加绞力，用全身之力绞锁对方颈部。

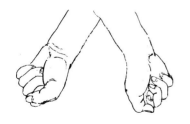

逆十字绞技术图

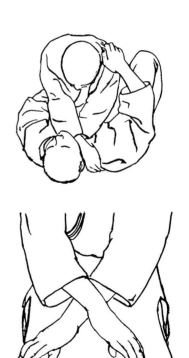

并十字绞技术图

第七节　绞技：送襟绞

送襟绞(Okuri Eri-Jime) Sliding Collar strangle

从对方背后，将右（左）手越过对方的右（左）肩部，握住其左（右）侧领。左（右）手从对方的左（右）腋下抓住对方的右（左）侧领，双手拉紧施以绞技。这种绞技须将对方的颈动脉、颈静脉、气管一并绞压，方可达到明显效果。

基本技术：

①对方采取坐姿势，施技方在其背后单腿跪地。左手从对方左腋下插入抓住其左直门襟向下拉去。

②右手越过对方右肩直抵其颈部，拇指向内深握其左横领，左手改握其右直门襟。

将脸部右侧与对方脸颊贴紧，两人上体靠紧并后移向右扭身，使对方身体处于不稳定状态。左手直向下拉，右手回绞，两手同时用力施以绞技。此时施技方的右肘部不可离开对方右肩部，以防止对方推开施技方的肘部而逃脱。

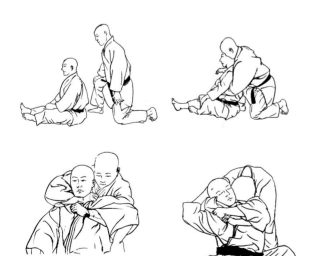

送襟绞技术图

在跪撑姿势的对方一侧，实施送襟绞。

①施技方单膝跪地，位于对方左侧，右手从对方的右肋下插入抓住对方的左直门襟。

②左手深深抓住其右横领。防止对方抬起上体逃脱，施技方俯下上身将对方压控住。

③身体前进，两腿大幅度叉开，右前左后。同时以右腰部抵住对方左颈部。将身体用力加重施加压力，配合拉动两手集中力量施送襟绞于对方。

用右腰抵住对方的左颈部，但身体绝不可把重心全部压在其身上。施绞技时，要向自己脚尖方向用力画圆前进，仿佛用腰部去绞他，这样才能用整身之力将力量集中。

防守反攻方法：

（1）用两手抓住施技方的右外中袖，用力下拉以缓解其绞力，并转脸偏去以摆脱绞技。

（2）防止被施技方抓住衣领的方法：

①两臂在自己颈前部组成十字形。

②一只手插入自己头顶，一手插进胳膊弯里，不留空隙。

③施技方的指尖插入时，应用手将其挡住。（不可握住其手指）

④当施技方用手往内插的时候，要用手掌抵住他。

（3）用左臂将其腹部控制住，身体迅速向后倒去，反以后袈裟固压之。

（4）把施技方的右手紧紧夹住在右肋下，将身体向右回转，而用以崩袈裟固将其固压。

（2）从躺卧的对方之背后实施送襟绞

①从背后，将躺着的对方用两脚夹住躯干，以两手从其下肋插入，分别抓住左、右前直门襟，用力拉，以控制住对方。由于在躺着的对方背后，施技方右手难于插入。此时，就要用双脚将其充分制服并挺胯压控对方的身体，用两手同时插入。

②送襟绞的技术要领，把右手越过对方右肩抓提其左横领，一定要抓握得深，左手则握住其左直门襟。

③身体配合并用两手拉绞施以送襟绞。

方法一

方法二

从后方进攻的送襟绞技术图

从锁臂到送襟绞的转移技术：

当对方企图过腿时，施技方转体用腿缠其臂以施锁技，施技方起身抓对方的腰带和身体防止对方滚翻的同时从对方后方施以送襟绞。

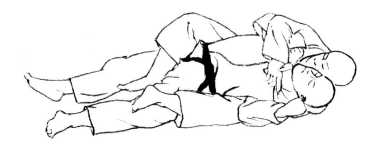

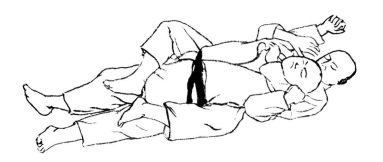

送襟绞至片羽绞的转移技术

第八节 绞技：袖车绞

袖车绞 (Sode-guruma-jime) Sleeve Wheel Choke

袖车绞又可以称为"交叉勒"，施技者从对方背后施招，两手交叉，深深抓住衣襟勒绞对方颈部的动作，与裸绞相似。

基本技术：

施技者从对方背后伸出左手，经对方右肩至其体前，拇指朝外，四指在内擒住对方的左横襟，右手从左臂上方交叉，经对方的颈后部至其左肩。

施技者的右手到达对方左肩附近，抓住对方的衣襟，两手同时用力向后上方勒绞对方的颈部，并使对方身体后倒紧贴自己。勒绞时要用腹部左侧抵住对方的右肩部，防止对方逃脱。也可向后拉对方，可其失去平衡，这样更容易形成绞技。此时对方的头部与施技方的胸部接触。如果遇到对方的反抗，施技方可以用力向后下方拉对手并将其控制在两腿之间，继而施以绞技。

袖车绞技术图

第九节　绞技：两手绞

两手绞（Morote-jime）Two-Hand Choke

两手绞，是两腿架在对方左右两肩上，两手交叉抓住对手左右胸襟，把两手收紧压迫对手颈动脉而使其认输的一种技术。仰卧垫上对方进攻时，用足顶住其进攻并配合施以绞技。

施技方右手抓住对手的左侧领后部，左手相同抓住其右侧领后部，拉绞同时收紧两肘，使施技方两小指平行。向前用力拉控对手使其失去反抗能力而形成绞技（如图中①②）。

施技方双手自然抓住对方两侧的衣领，施技方转体使自己头部位于对手两腿之间同时用双腿绞于对手的颈部加以控制并用双手用力推绞对方形成绞技（如图中③）。

两手绞进攻技术图

第十二章 柔道中的新技术

现代柔道在不断的发展中也加入了一些新的技术。一些新加入的技术在竞技比赛中虽然不被允许使用，但在防身术中是可以使用的。在此举例如下。

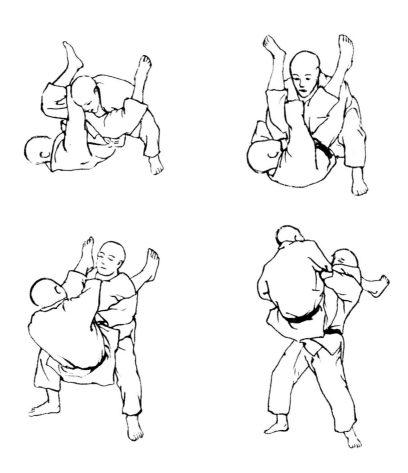

高举投：

1.当对方后背着地时，施技者移动贴紧对方。

2.把两手从对方两腿外侧抱住，两手抓住对方的腰带。

3.用力把对方抱起来，如此时将对手摔下，将会对其造成极大的伤害，尤其是对对手后脑的冲击，这个动作在现代柔道比赛中是不允许的。

柔道中的新技术——"拉脚跟"。

柔道中有一些新加入的技术如"拉脚跟"这种类似中国式摔跤的小巧技术，是施技方一手握对方脚跟向其拇指方向提拉使对方后倒的技术。

后记 >>

中国武术有着悠久的历史，然而当今传统武术却渐渐失去其搏击格斗的真实（这里绝对不是否定中国武术博大精深的精神性和哲学价值）。以往提到武术的实战性，国人喜谈论门派并论资排辈以论高下，而现代海外武坛却在擂台之上论高下。中国很多武术大师与门徒表演四两拨千斤让人飞出的内功，或是表演一人敌数人而稳扎马步的推手神功（如果数人用一根绳子拉这位大师，不知这位大师还能否还扎得住他的千斤马步——大师们"忽视了"很简单的物理学原理）。更有一些大师"口技"多于武技，噱头多于学术。无独有偶，这一现象在美术界更严重，由于美术本身不能够像武术那样进行格斗比赛，所以名家大师们"大话"之后从来无须担心被踢馆痛扁。看来从这一点讲，艺术家是比较幸运的，大可放心去作秀。不应该发生的是一些武术"高手"也将中国功夫做成了真正的表演秀。搞笑的武林大会也真的在当代中国上演了。思前想后，真的期盼像李小龙一样德艺双馨的华人大家再次出现来涤清世风，同样美术界也需要真正有见识和良心的评论家。

如今美国UFC的综合格斗比赛应该让我们渐渐清醒地看清真正格斗武技的样子（有人认为李小龙为综合格斗形式的发起人，这一点在他的电影《猛龙过江》擂台打斗一幕中可证。其实俄罗斯桑博早已经具备综合格斗的基本因素。更早的综合格斗雏形我们可以追溯到古希腊的混斗术——潘格拉辛）。UFC的冠军多有泰拳、拳击、巴西柔术、柔道、摔跤等背景。虽然有康李这样称自己为散手功夫拳手的冠军，但实际有中国传统功夫背景的拳手寥寥无几。想来柔道这项起源于中国而发展在日本的武技之所以能够在搏击中备受重视并成为奥运项目应该不仅是因为其能够做到更高、更快、更强，更重要的是柔道作为"自他共荣"、身心双修的武技能够做到真实的搏击和朴实的训练。盼更多国人能够真正发掘发扬我国的传统武术瑰宝，中国艺、武两界少些假货，多些真知。这也是我选择柔道作为武术与艺术比较教学内容的原因，希望能够从柔道修炼中对艺术和生活都有所启悟，即为我写作的初衷。谨以此书自勉。

笔者才疏学浅，部分内容为自己练习柔道中的体会，书中必定有很多的谬误，希望得到各位老师和朋友们的指正和帮助，本人将不胜感激。

参考文献 >>

[1] Steve Scott. WINNING ON THE MAT: Jude, Freestyle Judo And Submission Grappling. TURTLE PRESS. 2011

[2] Kyuzo Mifune. THE CANON OF JUDO Classic Teachings on Principles and Techniques. KODANSHA INTERNATIONAL 2004

[3] Isao Inokuma Nobuyuki Sato. BEST JUDO. KODANSHA INTERNATIONAL. 1979

[4] Jigoro Kano. KODOKAN JUDO. KODANSHA INERNATIONAL. 1986

[5] Tadao Otaki and Donn F. Draeger. JUDO FORMAL TECHNIQUES. Charles E. Tuttle Company 1983